CB074457

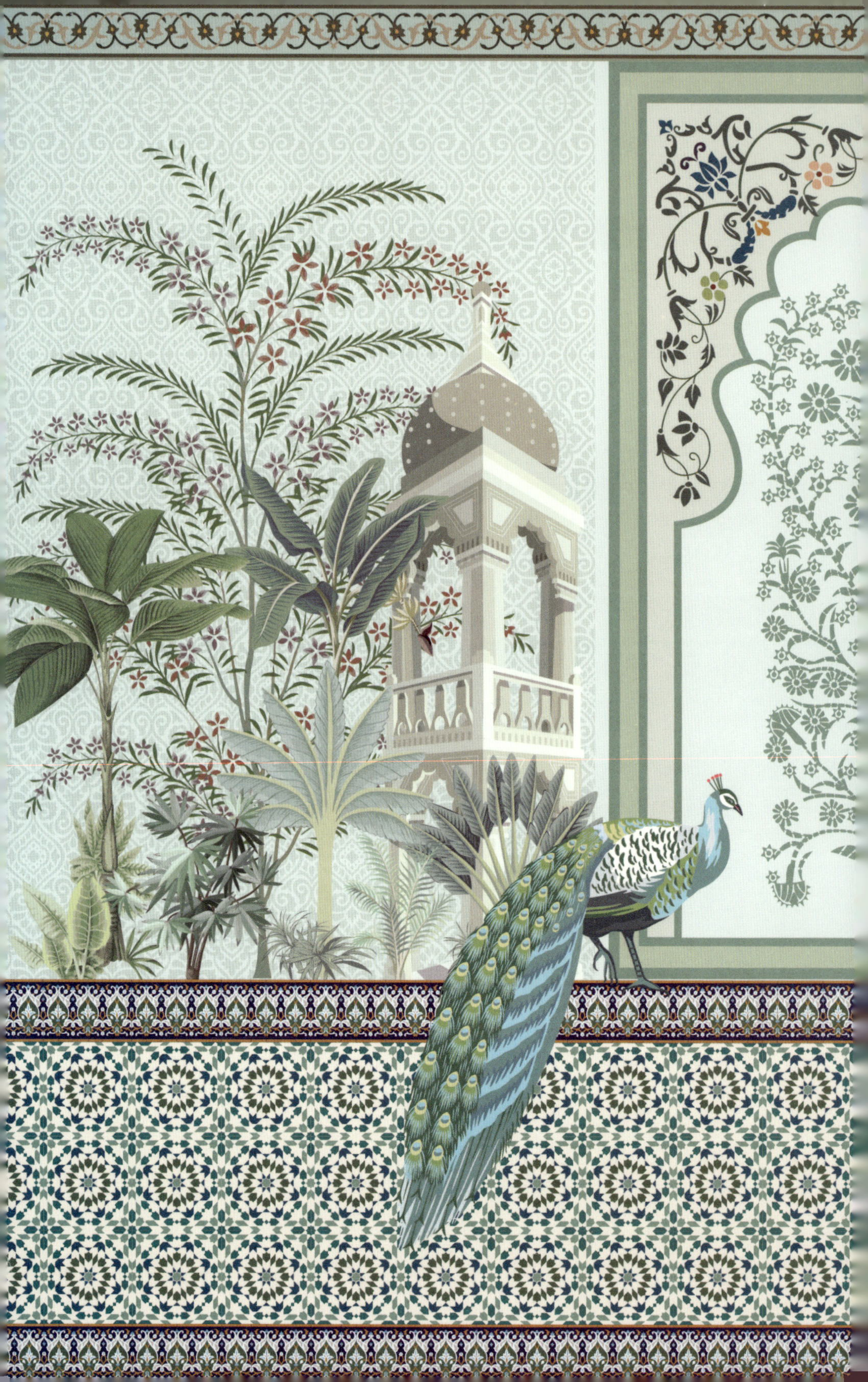

BHAGAVAD GITA

A sabedoria eterna para
transformar sua mente,
espírito e propósito

Tradução © 2025 by Book One
Todos os direitos de tradução reservados e protegidos pela Lei 9.610 de 19/02/1998. Nenhuma parte desta publicação, sem autorização prévia por escrito da editora, poderá ser reproduzida ou transmitida sejam quais forem os meios empregados: eletrônicos, mecânicos, fotográficos, gravação ou quaisquer outros.

Coordenadora editorial	*Francine C. Silva*
Tradução	*Sérgio Motta*
Preparação	*Tainá Fabrin*
Revisão	*Talita Grass e Silvia Yumi FK*
Capa	*Renato Klisman ♦ @rkeditorial*
Projeto gráfico e diagramação	*Bárbara Rodrigues*
Tipografia	*Adobe Caslon Pro*
Impressão	*PlenaPrint*

Dados Internacionais de Catalogação na Publicação (CIP)
Angélica Ilacqua CRB-8/7057

M181b	Mahabharata
	Bhagavad Gita : A sabedoria eterna para transformar sua mente, espírito e propósito / Mahabharata ; tradução de Sérgio Motta. — São Paulo : Excelsior, 2025.
	112 p.
	ISBN 978-65-83545-02-2
	Título original: *Bhagavad Gita (The Song Celestial)*
	Traduzido da versão adaptada do sânscrito para inglês por Sir Edwin Arnold (1900)
	1. Filosofia 2. Autoajuda I. Título II. Motta, Sérgio
25-0458	CDD 100

BHAGAVAD GITA

A sabedoria eterna para transformar sua mente, espírito e propósito

São Paulo
2025

EXCELSIOR
BOOK ONE

Dedicado à Índia

Então eu li este discurso maravilhoso e espiritualmente emocionante,
Por Krishna e pelo Príncipe Arjun, discursando cada um com cada um;
Então escrevi sua sabedoria aqui, seu mistério oculto,
Para a Inglaterra; Ó, nossa Índia! Tão querida para mim quanto Ela!

EDWIN ARNOLD,
Cavaleiro Comandante da Ordem do Império Indiano

Sumário

PREFÁCIO..11

CAPÍTULO I
Arjun-Vishad, ou O Livro do Desespero de Arjuna....................13

CAPÍTULO II
Sankhya-Yog, ou O Livro das Doutrinas..............................17

CAPÍTULO III
Karma-Yog, ou O Livro da Virtude na Ação..........................25

CAPÍTULO IV
Jnana Yog, ou O Livro da Religião
pelo Conhecimento..31

CAPÍTULO V
Karmasanyasayog, ou O Livro da Religião
pela Renúncia ao Fruto das Obras...................................37

CAPÍTULO VI
Atmasanyamayog, ou O Livro da Religião
pela Autocontenção...41

CAPÍTULO VII
Vijnanayog, ou O Livro da Religião
pelo Discernimento...47

CAPÍTULO VIII
Aksharaparabrahmayog, ou O Livro da Religião
pela Devoção a Um Deus Supremo.....................................51

CAPÍTULO IX
Rajavidyarajaguhyayog, ou *O Livro da Religião
pelo Conhecimento Real e o Mistério Real*..................55

CAPÍTULO X
Vibhuti Yog, ou *O Livro das Perfeições Celestiais*...................61

CAPÍTULO XI
Viswarupadarsanam, ou *O Livro da Manifestação
do Um e do Múltiplo*......................65

CAPÍTULO XII
Bhaktiyog, ou *O Livro da Religião pela Fé*.............77

CAPÍTULO XIII
Kshetrakshetrajnavibhagayog, ou *O Livro da Religião
pela Separação da Matéria e do Espírito*..................81

CAPÍTULO XIV
Gunatrayavibhagayog, ou *O Livro da Religião
pela Separação das Qualidades*...................85

CAPÍTULO XV
Purushottamapraptiyog, ou *O Livro da Religião
ao Alcançar o Supremo*..................89

CAPÍTULO XVI
Daivasarasaupadwibhagayog, ou *O Livro da Separação
do Divino e do Mundano*..................93

CAPÍTULO XVII
Sraddhatrayavibhagayog, ou *O Livro da Religião
pelos Três Tipos de Fé*..................97

CAPÍTULO XVIII
Mokshasanyasayog, ou *O Livro da Religião
por Libertação e Renúncia*..................101

Prefácio

Este famoso e maravilhoso poema sânscrito ocorre no *Bhishma Parva*, sexto livro do grande épico hindu Mahabharata. Ele goza de imensa popularidade e autoridade na Índia, onde é considerado uma das "Cinco Joias" — *Pancharatnani*... da literatura Devanagari. Em uma linguagem simples, mas nobre, desdobra um sistema filosófico que permanece, até os dias atuais, como a crença predominante dos brâmanes, mesclando as doutrinas de Kapila, Patanjali e os Vedas. Tão elevadas são muitas de suas declarações, tão sublimes suas aspirações e tão pura e terna a sua piedade, que Schlegel, após seu estudo do poema, irrompe neste êxtase de deleite e louvor ao seu autor desconhecido:

"Magistrorum reverentia a Brachmanis inter sanctissima pietatis officia refertur. Ergo te primum, Vates sanctissime, Numinisque hypopheta, quisquis tandem inter mortales dictus tu fueris, carminis hujus auctor, cujus oraculis mens ad excelsa quaeque, aeterna atque divina, cum inenarrabili quadam delectatione rapitur... te primum, inquam, salvere jubeo, et vestigia tua semper adoro."

Lassen ecoa este magnífico tributo; e, de fato, tão impressionantes são algumas das moralidades aqui inculcadas, e tão estreito o paralelismo — muitas vezes verbal — entre seus ensinamentos e os do Novo Testamento, que surgiu uma controvérsia entre Pandits e Missionários sobre o autor ter tomado emprestado de fontes cristãs ou os Evangelistas e Apóstolos terem emprestado dele.

Isso levanta a questão da data de sua composição, que não pode ser positivamente estabelecida. Deve ter sido inserido no antigo épico em um período posterior ao do *Mahabharata* original, mas o Sr. Kasinath Telang apresentou alguns argumentos plausíveis para provar que é anterior à era cristã. O peso das evidências, no entanto, tende a situar sua composição por volta do terceiro século depois de Cristo; e talvez haja realmente ecos, neste poema bramânico, dos ensinamentos da Galileia e da encarnação síria.

---

* "A reverência pelos mestres é considerada pelos brâmanes como um dos atos mais sagrados de fé. Portanto, a ti primeiro, ó poeta santíssimo, e intérprete do Divino, independentemente de como tenhas sido chamado entre os mortais, autor deste canto, cujos oráculos arrebatam a mente para tudo o que é sublime, eterno e divino, com uma certa indescritível deleitação... a ti primeiro, eu te saúdo, e sempre adoro teus passos."

O cenário é a planície entre os rios Jumna e Sarsooti — atualmente Kurnul e Jheend. Sua trama simples consiste em um diálogo mantido pelo Príncipe Arjuna, irmão do Rei Yudhisthira, com Krishna, a Divindade Suprema, disfarçado de auriga. Uma grande batalha está prestes a acontecer entre os exércitos dos Kauravas e dos Pandavas, e esta conversa se desenrola em um carro de guerra estacionado entre os exércitos adversários.

O poema foi traduzido para o francês por Burnouf, para o latim por Lassen, para o italiano por Stanislav Gatti, para o grego por Galanos e para o inglês pelo Sr. Thomson e pelo Sr. Davies, sendo a transcrição em prosa deste último verdadeiramente além de elogios por sua fidelidade e clareza. O Sr. Telang também publicou, em Bombaim, uma versão em ritmo coloquial, eminentemente erudita e inteligente, mas que não transmite a dignidade ou a graça do original. Se ouso oferecer uma tradução deste maravilhoso poema após tantos estudiosos superiores, é em grata apreciação da ajuda derivada de seus esforços e porque a literatura inglesa certamente estaria incompleta sem possuir, em forma popular, uma obra poética e filosófica tão querida na Índia.

Pouco mais há a dizer que o "Cântico Celestial" não explique por si mesmo. O original sânscrito é escrito na métrica Anushtubh, que não pode ser reproduzido com sucesso para ouvidos ocidentais. Portanto, eu o verti em nosso flexível verso branco, mudando para medidas líricas onde o próprio texto assim se transforma. Na maior parte, acredito que o sentido foi fielmente preservado nas páginas seguintes; mas o próprio Schlegel teve de dizer: *"In reconditioribus me semper poetae mentem recte divinasse affirmare non ausim"*. Aqueles que desejarem ler mais sobre a filosofia do poema podem encontrar uma admirável introdução no volume do Sr. Davies.

EDWIN ARNOLD, C.S.I.

---

* "Nas coisas mais ocultas, nunca ousaria afirmar que adivinhei corretamente a intenção do poeta."

CAPÍTULO I

Arjun-Vishad, ou *O Livro do Desespero de Arjuna*

DHRITARASHTRA:
Dispostos assim para a batalha no campo sagrado...
Em Kurukshetra... diga, ó, Sanjaya! diga,
O que aconteceu com meu povo e os Pandavas?

SANJAYA:
Quando contemplou o exército dos Pandavas,
O rei Duryodhana aproximou-se de Drona,
E disse estas palavras: "Ah, Guru! vê esta linha,
Quão vasto é o exército de homens de Pandu,
Organizado pelo filho de Drupada,
Teu discípulo na arte da guerra!
Ali se alinham chefes como Arjuna, semelhantes a Bhima,
Curvadores de arcos; Virata, Yuyudhana,
Drupada, eminente em seu carro,
Dhrishtaketu, Chekitana, o robusto senhor de Kasi,
Purujit, Kuntibhoja e Saivya,
Com Yudhamanyu e Uttamauja,
O filho de Subhadra e os filhos de Draupadi... todos renomados!
Todos montados em seus carros brilhantes!
Do nosso lado também... ó, melhor dos Brâmanes! vê,
Excelentes chefes, comandantes de minha linhagem,
Cujos nomes alegra-me contar: tu mesmo primeiro,
Depois Bhishma, Karna, Kripa feroz na batalha,
Vikarna, Aswatthaman; a seguir estes,
O forte Saumadatti, com muitos mais,
Valentes e provados, prontos neste dia a morrer,
Por mim, seu rei, cada um com sua arma empunhada,
Cada qual hábil no campo. Parece-me fraca...
Nossa batalha se mostra onde Bhishma comanda,
E Bhima, frente a ele, algo poderoso demais!

Tenham cuidado nossos capitães junto às fileiras de Bhishma,
Para preparar o auxílio que puderem! Agora, soa minha concha!"

Então, ao sinal do rei idoso,
Com um brado para inflamar o sangue, ecoando em torno,
Como o rugido de um leão, o trompetista,
Soprou a grande Concha; e, ao som dela,
Trompetes e tambores, címbalos, gongos e cornetas,
Irromperam em clamor repentino; como os sopros,
De uma tempestade solta, tal parecia o tumulto!
Então podiam ser vistos, sobre seu carro de ouro,
Atrelado a cavalos brancos, soprando suas conchas de batalha,
Krishna, o Deus, Arjuna ao seu lado:
Krishna, de cabelos trançados, soprou sua grande concha,
Esculpida do "Osso do Gigante"; Arjuna soprou,
O presente sonoro de Indra; Bhima o terrível...
Bhima de ventre de lobo... soprou uma longa concha de junco;
E Yudhisthira, filho sem mácula de Kunti,
Soprou uma poderosa concha, a "Voz da Vitória";
E Nakula soprou forte em sua concha,
Nomeada "Som Doce", Sahadeva na sua,
Chamada "Gema Ornada", e o Príncipe de Kasi na sua.
Sikhandi em seu carro, Dhrishtadyumna,
Virata, Satyaki o Invencível,
Drupada, com seus filhos, (ó, Senhor da Terra!),
Os filhos de Subhadra, de longos braços, todos sopraram alto,
De modo que o clangor abalou os corações de seus inimigos,
Com a terra tremendo e o céu trovejando.

Então foi...
Ao ver o exército de Dhritarashtra em posição,
Armas desembainhadas, arcos esticados, a guerra,
Pronta para estourar... Arjuna, cuja insígnia,
Era Hanuman, o macaco, falou desta maneira,
A Krishna, o Divino, seu auriga:
"Conduze, Ó, Intrépido! para aquele terreno aberto,
Entre os exércitos; quero ver de perto,
Aqueles que lutarão conosco, aqueles que devemos matar,
Hoje, no veredito da guerra; pois, com certeza,
Todos estão decididos ao derramamento de sangue que enche este campo,
Obedecendo ao pecaminoso filho de Dhritarashtra."

Assim, como Arjuna rogou, (Ó, Bharata!),
Entre os exércitos, o Divino Auriga
Conduziu o brilhante carro, refreando seus brancos cavalos,
Onde Bhishma liderava, e Drona, e seus Senhores.
"Veja!" falou ele a Arjuna, "onde estão posicionados,
Teus parentes dos Kurus:" e o Príncipe,
Viu de cada lado os parentes de sua casa,
Avôs e pais, tios e irmãos e filhos,
Primos e genros e sobrinhos, misturados,
Com amigos e honrados anciãos; alguns deste lado,
Alguns daquele lado, ordenados: e, vendo aqueles que se opunham,
Tais entes queridos tornados inimigos... o coração de Arjuna
Derreteu-se de compaixão, enquanto pronunciava estas palavras:

ARJUNA:
Krishna! Ao meu ver, vindo aqui para derramar
Seu sangue comum, na multidão de nossos parentes,
Minhas forças me faltam, minha língua seca-se em minha boca,
Um arrepio percorre meu corpo, e meus cabelos
Eriçam-se de horror; de minha fraca mão escorrega
Gandiva, o belo arco; uma febre queima
Minha pele até o ressecamento; mal consigo ficar em pé;
A vida dentro de mim parece vacilar e desfalecer;
Nada vejo além de dor e lamento!
Não há bem algum, ó, Keshava! nada de bom
Pode brotar de matanças mútuas! Olha, eu odeio
Triunfo e dominação, riqueza e conforto,
Assim tristemente conquistados! Aho! que vitória
Pode trazer alegria, Govinda! que ricos despojos
Poderiam trazer proveito; que governo recompensar; que duração
Da própria vida parecer doce, comprada com tal sangue?
Vendo que estes estão aqui, prontos para morrer,
Por quem a vida era bela, e o prazer agradava,
E o poder tornava-se precioso: ...avôs, pais e filhos,
Irmãos, e sogros, e genros,
Anciãos e amigos! Deveria eu lhes infligir a morte,
Mesmo que desejem nos matar? Não darei um só golpe,
Ó, Madhusudana! para ganhar.

O domínio de todos os Três Mundos; então, quanto menos
Para tomar um reino terreno! Matar estes
Só geraria angústia, Krishna! Se eles forem
Culpados, tornamo-nos culpados com suas mortes;
Seus pecados recairão sobre nós, se matarmos
Os filhos de Dhritarashtra e nossos parentes;
Que paz poderia advir disso, ó, Madhava?
Se, de fato, cegos por desejo e ira,
Estes não veem, ou não querem ver, o pecado
De destruir linhagens reais e matar parentes,
Como não deveríamos nós, que vemos, evitar tal crime...
Nós que percebemos a culpa e sentimos a vergonha...
Ó, tu, Deleite dos Homens, Janardana?
Com a destruição de casas, perece,
Sua doce continuidade de piedade familiar,
E... com os ritos negligenciados, a piedade extinta...
A impiedade se infiltra naquela casa;
As mulheres se tornam desonradas, de onde brotam
Paixões desregradas e a mistura de classes,
Enviando ao Inferno aquela linhagem
E aquele que causou sua ruína pela ira perversa.
Sim, e as almas dos venerados ancestrais
Caem de seu lugar de paz, sendo privadas
Dos bolos fúnebres e das águas mortuárias.*
Assim ensinam nossos hinos sagrados. Portanto, se matarmos
Parentes e amigos por amor ao poder terreno,
Ahovat! Que terrível erro seria!
Julgo melhor meus parentes me atacarem,
Enfrentá-los desarmado, e expor meu peito,
Às flechas e lanças, do que responder golpe por golpe.

Tendo falado, perante aqueles dois exércitos,
Arjuna afundou-se em seu assento no carro,
E deixou cair arco e flechas, com o coração angustiado.

E assim termina o Capítulo I da Bhagavad Gita, intitulado Arjun-Vishad, ou
O Livro do Desespero de Arjuna.

---

* Algumas linhas repetitivas foram omitidas aqui.

CAPÍTULO II

Sankhya-Yog,
ou O Livro das Doutrinas

SANJAYA:
A ele, tão cheio de compaixão e tristeza,
Com os olhos marejados de lágrimas, desolado,
Dirigiu-se o Cocheiro, Madhusudana, com palavras firmes:

KRISHNA:
Como pôde esta fraqueza te dominar? De onde surge
Esse desalento inglório, vergonhoso para os bravos,
Que te impede de seguir o caminho da virtude?
Não, Arjuna! Renuncia a tal fraqueza! Ela mancha
Teu nome de guerreiro! Afasta esse medo!
Desperta! Sê tu mesmo! Levanta-te, Flagelo dos Inimigos!

ARJUNA:
Como posso, na batalha, disparar flechas,
Contra Bhishma, ou contra Drona... ó, tu, Líder!...
Ambos homens dignos de reverência e honra?

É melhor viver de mendicância
Com aqueles que amamos vivos,
Do que provar seu sangue em ricos banquetes,
E sobreviver com culpa!
Ah! Seria pior... quem sabe?... ser
Vencedor ou vencido aqui,
Quando diante de nós estão irados,
Aqueles cuja morte nos deixaria em desalento?
Perdido na piedade, arremessado pelas dúvidas,
Meus pensamentos... dispersos... retornam,
A Ti, o Guia que mais reverencio,
Para que eu possa encontrar orientação:
Não sei o que curaria a dor

Que arde em minha alma e sentidos,
Se eu fosse o chefe incontestado da Terra...
Um deus... e eles desaparecessem!

Sanjaya:
Assim falou Arjuna ao Senhor dos Corações,
E suspirando, "Eu não lutarei!" permaneceu em silêncio.
A quem, com um sorriso terno (ó, Bharata!),
Enquanto o Príncipe chorava, entre aqueles exércitos,
Krishna respondeu em verso divino:

Krishna:
Lamentas onde não há motivo para lamento! Falas
Palavras que carecem de sabedoria! Pois os sábios
Não lamentam nem pelos vivos nem pelos mortos.
Nem eu, nem tu, nem qualquer um destes
Deixamos de existir ou deixaremos de existir,
Para sempre e para sempre e depois.
Tudo o que vive, vive para sempre! Ao corpo do homem,
Assim como vêm a infância, juventude e velhice,
Também vêm os renascimentos e o abandono,
De outras e outras moradas de vida,
Que os sábios conhecem e não temem.
O que te incomoda...
Esta vida sensível, que vibra com os elementos...
Trazendo-te calor e frio, tristezas e alegrias,
É breve e mutável! Suporta-a, Príncipe!
Assim como os sábios suportam. A alma que não se abala,
A alma que, com calma constante e forte,
Aceita a tristeza e a alegria com igualdade,
Vive na vida imortal! Aquilo que é
Nunca deixa de ser; aquilo que não é
Não existirá. Compreender essa verdade sobre ambos,
É próprio de quem separa a essência do acidente,
A substância da sombra. Indestrutível,
Aprende! A Vida é, espalhando vida em tudo;
Ela não pode, em lugar algum, de forma alguma,
Ser de qualquer modo diminuída, interrompida ou alterada.
Mas quanto a estes corpos transitórios que ela anima,

Com espírito eterno, imutável, infinito,
Eles perecem. Que pereçam, Príncipe! E luta!

Quem dirá: "Eu matei um homem!",
Quem pensará: "Eu fui morto!"... ambos,
Nada sabem! A Vida não pode matar. A Vida não é morta!
Nunca o espírito nasceu; o espírito jamais cessará de ser;
Nunca houve um tempo em que ele não existiu; Fim e começo são sonhos!
Sem nascimento, sem morte e sem mudança, o espírito permanece para sempre;
A morte não o tocou de modo algum, embora a casa pareça morta!

Quem conhece o espírito como inesgotável, autossustentado,
Imortal, indestrutível... deverá
Dizer: "Eu matei um homem, ou causei a morte?"

Não! Mas como, quando alguém remove
Suas roupas gastas,
E, tomando novas, diz:
"Estas vestirei hoje!",
Assim o espírito abandona
Sem peso seu corpo de carne,
E passa a herdar
Uma residência nova.

Digo a ti: as armas não alcançam a Vida;
O fogo não a queima, as águas não a inundam,
Nem os ventos secos a secam. Imperturbável,
Inviolada, inatingida, ilesa, intocada,
Imortal, toda-abrangente, firme, segura,
Invisível, inefável, além de palavras,
E pensamentos ilimitados, ela é a própria alma declarada! Como, então...
Sabendo disso... poderias lamentar o que não merece lamentação?
Como, se souberes que o homem recém-morto,
É, assim como o homem recém-nascido, ainda um ser vivo...
O mesmo Espírito existente... poderias chorar?
O fim do nascimento é a morte; o fim da morte
É o nascimento: isso está ordenado! E lamentas,
Ó, Chefe do braço vigoroso! por aquilo que acontece
Como deveria acontecer?

O nascimento dos seres vivos ocorre despercebido;
A morte ocorre despercebida; entre ambos, os seres percebem:
O que há de lamentável nisso, querido Príncipe?

Maravilhoso, misterioso, de contemplar!
Difícil, incerto, de descrever!
Estranho e grandioso demais para a língua relatar,
Místico de ouvir para todos!
E o homem não sabe o que é,
Quando ver, falar e ouvir são findos!

Esta Vida dentro de todos os seres vivos, meu Príncipe,
Está além do dano; despreza, então, sofrer
Por aquilo que não pode sofrer. Cumpre teu papel!
Lembra-te do teu dever e não trema!
Nada melhor pode acontecer a uma alma guerreira
Do que uma guerra justa; feliz é o guerreiro
A quem se apresenta a alegria da batalha... como agora,
Gloriosa e justa, não buscada, abrindo para ele,
Um portal ao Céu. Mas, se evitas
Este campo de honra... tu, um Kshatriya...
Se, conhecendo teu dever e tua tarefa, deixas
De cumprir ambos... isso será pecado!
E os que virão falarão de ti com desdém,
De geração em geração; mas a desonra é pior
Para homens de sangue nobre do que a morte!
Os chefes sobre suas bigas de guerra
Acharão que foi o medo que te afastou da luta.
Daqueles que te viam como de alma grandiosa
Terás de suportar o desprezo, enquanto todos os teus inimigos
Espalharão amargas palavras contra ti, para zombar
Da coragem que pensavam que tinhas; que destino poderia ser
Mais triste do que esse? Ou... sendo morto...
Ganharás a segurança de Swarga, ou... vivo
E vencedor... reinarás como rei terrestre.
Portanto, levanta-te, ó, Filho de Kunti! Prepara
Teu braço para o combate, fortalece teu coração para enfrentar
Prazer ou dor, ganho ou ruína, vitória ou derrota:
Assim, com a mente igual, prepara-te para a batalha, pois assim
Não pecarás!

Até aqui, falo contigo,
Como pela doutrina do "Sankhya"... não espiritualmente...
Ouve agora o ensinamento mais profundo do "Yog",
Que, compreendendo e praticando, romperás
O laço de Karman, o vínculo dos atos realizados.

Aqui nenhum fim é impedido, nenhuma esperança é prejudicada,
Nenhuma perda é temida: a fé... sim, uma pequena fé...
Te salvará da angústia do medo.
Aqui, ó, Glória dos Kurus! resplandece uma única lei...
Uma lei firme... enquanto as almas inconstantes têm
Muitas e difíceis leis. Julga errado e enganoso
O discurso daqueles mal instruídos que exaltam
As palavras de seus Vedas, dizendo: "Isto
É tudo o que temos ou precisamos"; sendo fracos de coração,
Com desejos, buscadores do Céu: que acreditam... eles dizem...
Que o "fruto de boas ações" virá; prometendo aos homens
Grande recompensa em novos nascimentos pelas obras de fé;
Em rituais variados, abundantes; ensinando que,
Seguindo tais práticas, mérito e poder se acumularão.
Entretanto, quem mais deseja riqueza e poder
Menos firmeza de alma possui, e menos domínio
Sobre a meditação celestial. Esses ensinam muito,
Sobre os "três gunas" dos Vedas;
Mas tu, liberta-te dos "três gunas",
Liberta-te dos "pares de opostos"* e
Daquela justiça que mede o que se deve e o que não se deve;
Autocontrolado, Arjuna! Satisfeito e simples!**
Veja! Assim como quando um tanque derrama água
Para satisfazer todas as necessidades, assim os Brahmins extraem
Textos para todos os propósitos do reservatório das Sagradas Escrituras.
Mas tu não busques! Não desejes! Encontra plena recompensa
Em fazer o bem, por fazer o bem! Que os atos corretos sejam
Teu motivo, não o fruto que deles advém.
E vive em ação! Trabalha! Faz de teus atos,
Tua devoção, lançando fora todo o desejo,
Desprezando o ganho e o mérito; equânime,

---

* Frases técnicas da religião védica.
** Toda essa passagem é altamente envolvente e difícil de interpretar.

No bem e no mal: a equanimidade,
É o "Yog", é a piedade!

No entanto, o ato correto
É menos, muito menos, do que a mente bem-pensante.
Busca refúgio em tua alma; ali, encontra teu paraíso!
Despreza aqueles que seguem a virtude em troca de suas recompensas!
A mente de pura devoção... mesmo aqui...
Descarta igualmente os bons e os maus feitos,
Elevando-se acima deles. Dedicando-se à pura devoção,
Devota-te a ela: com meditação perfeita,
Vem o ato perfeito, e os de coração puro elevam-se...
Mais seguramente porque não buscam ganho...
Longe dos laços do corpo, passo a passo,
Para os mais elevados assentos de bem-aventurança.

Quando tua alma firme
Desprezar essas intrincadas doutrinas,
Que, na ignorância, guiam, então ela se elevará
À grande indiferença para com o que é proibido ou permitido,
Para o que está estabelecido ou negado nos textos doutrinários.
Não mais inquieto com os dogmas sacerdotais,
Viverá seguro, sereno, firmemente dedicada
À meditação. Isso é o "Yog"... e a Paz!

ARJUNA:
Qual é o sinal de quem possui esse coração firme,
Confirmado na meditação santa? Como
Reconhecemos seu discurso, ó, Keshava? Ele se senta, se move,
Como outros homens?

KRISHNA:
Quando alguém, ó, Filho de Pritha!
Abandonando os desejos que abalam a mente...
Encontra em sua alma conforto pleno para sua alma,
Ele atingiu o "Yog"... tal homem é assim!
Em dores, não se aflige; e em alegrias
Não se exalta; vivendo fora do estresse,
Das paixões, do medo e da raiva; fixo em calmas,
De alta contemplação... tal pessoa

É um Muni, é o Sábio, o verdadeiro Eremita!
Quem a ninguém e a lugar nenhum está preso,
Por laços da carne, recebe o bem e o mal
Sem desânimo nem exaltação, como
Revela a marca mais evidente da sabedoria!

Quem souber puxar
Como a sábia tartaruga puxa seus quatro membros,
Para dentro de seu casco, os cinco frágeis sentidos,
Para longe do mundo,
Será, ó, Príncipe! marcado pela sabedoria.
As coisas que solicitam os sentidos
Se afastam do ser autogovernado; e, sim,
Os apetites de quem vive além do corpo
Desvanecem-se, não mais despertados.
Ainda assim, pode acontecer,
Ó, Filho de Kunti! que uma mente governada
Às vezes sinta as tempestades dos sentidos soprando,
Tentando arrancar, pela raiz, o autocontrole.
Que ele reconquiste seu domínio! Que ele vença,
E se concentre em Mim. Somente é sábio aquele homem
Que mantém o domínio sobre si mesmo!
Se alguém pensa nos objetos dos sentidos,
Surge atração; da atração, cresce o desejo;
O desejo inflama-se em paixão ardente, a paixão gera
Imprudência; e então, a memória, traída...
Perde-se o propósito nobre, a mente desmorona,
Até que propósito, mente e homem se destroem.
Mas, se alguém lida com os objetos dos sentidos,
Sem amor e sem ódio, tornando-os servos
De sua alma livre, que permanece serena e soberana,
Tal homem alcança a tranquilidade;
E, dessa tranquilidade, surgirá
O fim e a cura de seus sofrimentos terrenos,
Pois a vontade autocontrolada estabelece a alma em paz.
A alma do indisciplinado não lhe pertence,
E ele não possui conhecimento de si mesmo; sem esse conhecimento,
Como poderia ele ter serenidade? E, sem serenidade,
De onde viria a felicidade?

A mente,
Que se entrega à busca pelos prazeres sensoriais,
Perde seu leme de sabedoria,

E, como um barco, em ondas de redemoinho é levado

À destruição e à morte. Somente ele, ó, Grande Príncipe!
Cujos sentidos não são arrastados por objetos sensoriais...
Somente ele que se mantém senhor de si
Possui sabedoria perfeita.

O que é escuridão à meia-noite
Para almas não iluminadas brilha como o dia
Para seus olhos claros; o que parece como dia
É conhecido como a noite profunda da ignorância
Para os seus olhos verdadeiramente visionários. Assim é o Santo!

E, como o oceano, dia após dia, recebendo
Fluxos de todas as terras, sem jamais transbordar
Sua linha limite... sem saltar e sem ceder,
Alimentado pelos rios, mas sem ser inchado por eles...

Assim é o perfeito! Para o oceano de sua alma
O mundo dos sentidos derrama fluxos de sedução;
Eles o deixam tal como o encontraram, sem comoção,
Aceitando suas homenagens, mas permanecendo ao mar.

Sim! Aquele que, libertando-se das amarras da carne,
Vive como senhor, não como servo de seus desejos,
Livre de orgulho, de paixão e do pecado do "Eu",
Alcança a tranquilidade! Ó, Filho de Pritha!
Esse é o estado de Brahman! Não há medo algum,
Quando esse último estágio é alcançado! Vive onde ele vive,
Morre quando ele morre, tal pessoa deixa todas as queixas,
Para atingir a bem-aventurança do Nirvana com os Deuses.

E assim termina o Capítulo II da Bhagavad Gita, intitulado
"Sankhya-Yog", ou *O Livro das Doutrinas*.

CAPÍTULO III

Karma-Yog, ou *O Livro* da *Virtude na Ação*

Arjuna:
Ó, Janardana, a quem todos os mortais louvam!
Se a meditação é mais nobre que a ação,
Por que, então, grande Kesava,
Tu me impulsionas para esta luta terrível?
Agora estou perturbado por tuas palavras incertas!
Dize-me uma coisa, e dize-me com certeza;
Por qual caminho eu encontrarei o melhor fim?

Krishna:
Eu te disse, ó, Senhor sem mácula! que existem dois caminhos
Mostrados a este mundo; duas escolas de sabedoria.

Primeiro,
O do Sankhya, que salva pelo caminho das obras,
Prescritas* pela razão; e, em seguida, o Yog, que ordena
Alcançar pela meditação, espiritualmente:
Contudo, estes são um! Nenhum homem escapará da ação
Evitando a ação; nem ninguém alcançará
A perfeição apenas pela renúncia.
Na verdade, nenhum momento, em qualquer tempo,
Permanece sem ação; a lei da sua natureza
O obriga, mesmo relutante, à ação;
[Pois o pensamento é ação na fantasia]. Aquele que se senta,
Reprimindo todos os instrumentos da carne,
Mas pensando neles em seu coração ocioso,
Age como um hipócrita ineficaz e culpado:
Mas aquele que, com um corpo forte servindo à mente,
Entrega seus poderes mortais a um trabalho digno,

---

* Estou convencido de que sankhyanan e yoginan devem ser transpostos aqui em sentido.

Não buscando ganho, Arjuna! tal pessoa é
Honorável. Realiza a tarefa que te foi designada!
A ação é mais excelente que a ociosidade;
A vida do corpo não avança, carecendo de trabalho.
Há uma tarefa de santidade a ser feita,
Diferente do trabalho que prende o mundo, que não aprisiona
A alma fiel; tal dever terreno é
Livre de desejos, e bem cumprirás
Teu propósito celestial. Assim falou Prajapati...
No princípio, quando todos os homens foram criados,
E, com a humanidade, o sacrifício... "Faze isso!
Trabalha! Sacrifica! Aumenta e multiplica
Com sacrifício! Isso será Kamaduk,
Sua 'Vaca da Abundância', devolvendo seu leite
De toda abundância. Adore os deuses desse modo;
Os deuses te concederão graça. Aqueles alimentos que desejas
Os deuses concederão ao Trabalho, quando ele paga
Dízimos na chama do altar. Mas se alguém come
Os frutos da terra prestando ao bondoso Céu
Nenhuma oferta de trabalho, esse ladrão rouba de seu mundo."

Aqueles que comem alimentos após seus sacrifícios
Estão livres de falta, mas aqueles que fazem um banquete
Só para si mesmos comem pecado e bebem pecado.
Pelo alimento vivem os seres; o alimento vem da chuva,
E a chuva vem do sacrifício piedoso,
E o sacrifício é pago com dízimos de trabalho;
Assim, a ação é de Brahma, que é Um,
O Único, Onipresente; em todos os tempos,
Presente no sacrifício. Aquele que se abstém
De ajudar as rodas giratórias deste grande mundo,
Saciando seus sentidos ociosos, vive uma vida perdida,
Vergonhosa e vã. Existindo para si mesmo,
Auto-concentrado, servindo apenas a si mesmo,
Não tem parte em nada; nada alcançado,
Nada realizado ou não realizado o toca; nenhuma esperança
De ajuda para todas as criaturas vivas da terra
Depende dele.* Portanto, tua tarefa prescrita

---

* Tenho dúvidas sobre a precisão aqui.

Com espírito desapegado realiza alegremente,
Uma vez que na realização do dever comum o homem
Alcança sua mais elevada felicidade. Somente por obras
Janak e os antigos santos atingiram a bem-aventurança!
Além disso, para a manutenção de tua espécie,
Ação deves abraçar. O que os sábios escolhem
Os insensatos tomam; o que os melhores homens fazem
A multidão seguirá. Olha para mim,
Ó, Filho de Pritha! nos três vastos mundos,
Não estou preso a nenhum trabalho, nenhuma altura,
Espera ser escalada, nenhum dom permanece a ganhar,
E, ainda assim, ajo aqui! e, se não agisse...
Sério e vigilante... aqueles que me olham
Para orientação, retrocedendo à indolência novamente,
Porque eu cochilei, cairiam no mal,
E eu quebraria a ordem da terra e entregaria
Sua prole à ruína, Bharata!
Tal como os ignorantes trabalham, casados aos sentidos,
Assim também deixe o iluminado trabalhar, livre dos sentidos,
Mas determinado a trazer a libertação do mundo e sua bem-aventurança;
Não semear nos corações simples e ocupados
Sementes de desespero. Sim! que cada um desempenhe seu papel,
Em tudo que encontra para fazer, com alma não amarrada.
Todas as coisas são em toda parte forjadas pela Natureza
Na interação das qualidades.
O tolo, enganado por si mesmo, pensa: "Isso eu fiz"
E "Aquilo eu realizei"; mas... ah, tu, príncipe de braços fortes!...
Uma mente melhor ensinada, conhecendo o jogo,
Das coisas visíveis dentro do mundo dos sentidos,
E como as qualidades devem qualificar,
Fica alheia até mesmo a seus atos. Os não ensinados
Vivem misturados com eles, não conhecendo o caminho da Natureza,
Desconhecendo os mais altos objetivos, lentos e tolos.
Não deves fazer com que estes escorreguem, tendo a luz;
Mas, cumprindo todos os teus deveres, por Minha causa,
Com meditação centrada interiormente,
Buscando nenhum lucro, satisfeito, sereno,
Despreocupado com o resultado... luta! Aqueles que manterão
Meu ordenamento dessa maneira, os sábios e bem dispostos corações
Estão livres de todos os resultados de suas ações;

Mas aqueles que desconsideram Meu ordenamento,
Pensando que sabem, nada sabem, e caem em perda,
Confusos e tolos. Com certeza, o instruído
ativo de sua espécie, seguindo o que mais lhe convém:
E as criaturas inferiores de sua espécie; em vão
lutando contra a lei. Necessariamente,
Os objetos dos sentidos incitarão os sentidos
A gostar e desgostar, ainda assim o homem iluminado
Não se entrega a estes, sabendo que são inimigos.
Finalmente, isso é melhor: que alguém faça
Sua própria tarefa como puder, mesmo que falhe,
a assumir tarefas que não lhe pertencem, embora pareçam boas.
Morrer realizando o dever não é ruim;
Mas quem busca outros caminhos ainda vagará.

Arjuna:
Ainda me dizes, Professor! por qual força o homem
Cai em seu mal, relutante; como se alguém
O empurrasse para esse caminho maligno?

Krishna:
É Kama!
É a paixão! nascida das Trevas,
Que o empurra. Poderosa de apetite,
Pecaminosa e forte é esta... a inimiga do homem!
Tal como a fumaça obscurece o fogo branco, como a ferrugem agarrada
Deteriora o espelho brilhante, como o útero envolve
O bebê não nascido, assim é o mundo das coisas,
Frustrado, sujo, encerrado neste desejo da carne.
Os sábios caem, apanhados nele; o inimigo incansável,
É da sabedoria, usando inúmeras formas,
Bela, mas enganadora, sutil como uma chama.
Os sentidos, a mente e a razão... estes, ó, filho de Kunti!
São o alvo dela; no seu jogo com estes
Ela enlouquece o homem, enganando-o, cegando-o.
Portanto, ó, nobre filho de Bharata!
Governai teu coração! Restringe os sentidos entrançados!
Resista à falsa, suave pecaminosidade que consome
O conhecimento e o juízo! Sim, o mundo é forte,
Mas o que o discerne é mais forte, e a mente

É a mais forte; e, acima de tudo, a Alma governante.
Portanto, percebendo Aquele que reina supremo,
Coloque toda a força da Alma em sua própria alma!
Lute! Vença inimigos e dúvidas, querido Herói! mate
O que te assedia em formas amáveis e tentadoras, e que deseja te trair!

E assim termina o Capítulo III da Bhagavad Gita, intitulado Karma-Yog, ou *O Livro da Virtude na Ação*.

CAPÍTULO IV

Jnana Yog, ou *O Livro da Religião pelo Conhecimento*

Krishna:
Esta Yoga imortal, esta profunda união,
Eu ensinei a Vivaswata*, o Senhor da Luz;
Vivaswata a Manu deu; ele
A Ikshwaku; assim passou pela linhagem,
De todos os meus Rishis reais. Então, com o passar dos anos,
A verdade se apagou e pereceu, nobre Príncipe!
Agora, mais uma vez, a ti é revelada...
Esta antiga sabedoria, este mistério supremo...
Vendo que te encontro como devoto e amigo.

Arjuna:
Teu nascimento, querido Senhor, foi nestes dias mais recentes,
E o brilhante Vivaswata precedeu o tempo!
Como poderei compreender esta coisa que dizes,
"Desde o princípio fui eu quem ensinou?"

Krishna:
Múltiplas têm sido as renovações do meu nascimento,
E dos teus nascimentos também, Arjuna!
Mas os meus eu conheço, e os teus não conheces,
Ó, Exterminador de Teus Inimigos! Embora eu seja
Nascente, indestrutível, indissolúvel,
O Senhor de todas as coisas vivas; não obstante...
Pela Maya, pela minha mágica que estampo,
Nas formas da Natureza flutuante, no vasto primordial...
Eu venho, e vou, e venho. Quando a Retidão
Declina, ó, Bharata! quando a Maldade
É forte, eu me manifesto, de era em era, e tomo

---

* Um nome para o Sol.

Forma visível, e movo um homem entre homens,
Socorrendo os bons, repelindo os maus,
E colocando a Virtude em seu trono novamente.
Quem conhece a verdade sobre meus nascimentos na terra,
E minha obra divina, quando deixa o corpo,
Não toma mais a carga, não cai mais,
Em renascimento terrenal: a mim ele vem, querido Príncipe!
Muitos há que vêm! livres do medo,
Da raiva, do desejo; mantendo seus corações,
Fixos em mim... meus Fiéis... purificados,
Pela chama sagrada do Conhecimento. Aqueles assim,
Misturam-se com meu ser. Quem me adora
Eu exalto; mas todos os homens em toda parte
Cairão em meu caminho; embora aquelas almas,
Que buscam recompensa por suas obras, fazem sacrifício,
Agora, aos deuses inferiores. Eu digo a ti,
Aqui têm sua recompensa. Mas eu sou Ele,
Que fez as Quatro Castas, e as distribuiu em um lugar,
De acordo com suas qualidades e dons. Sim, eu
Criei, o Imóvel; eu que vivo
Imortalmente, fiz todos aqueles nascimentos mortais:
Pois as obras não mancham minha essência, sendo obras
Realizadas sem envolvimento.* Quem me conhece agindo assim,
Desvinculado da ação, a ação não o prende;
E, assim percebendo, todos aqueles santos de outrora
Trabalharam, buscando a libertação.
Como, nos dias passados, teus pais fizeram.

Tu dizes, perplexo, o que já perguntado,
Antes por cantores e sábios, "O que é ato,
E o que é inação?" Eu te ensinarei isto,
E, sabendo, aprenderás qual obra salva.
Necessário é um meditar corretamente sobre esses três...
Fazer, não fazer, e desfazer. Aqui,
O caminho é espinhoso e escuro! Aquele que vê
Como a ação pode ser descanso, e o descanso, ação...
Esse é o mais sábio entre os seus; ele possui a verdade!
Ele faz bem, agindo ou repousando. Libertado

---

* Sem desejo pelo fruto.

Em todas as suas obras das picadas do desejo,
Queimado em ato pelo fogo branco da verdade,
O sábio chama aquele homem sábio; e assim como um,
Renunciando o fruto dos feitos, sempre contente.
Sempre satisfeito consigo mesmo, se ele trabalha,
Não faz nada que possa manchar sua alma separada,
Que... livre de medo e esperança... subjugando-se,
Renunciando ao impulso externo... dando ao corpo
Nada além do corpo, habita,
Inocente entre todo o pecado, com calma igual,
Tomando o que possa ocorrer, por tristeza imutável,
Imutável pela alegria, sem inveja; o mesmo,
Nas boas e nas más fortunas; nada ligado,
Pelo vínculo dos feitos. Não, mas de tal pessoa,
Cujo desejo se foi, cuja alma está liberada,
Cujo coração está fixo na verdade... de tal pessoa,
O que ele faz é trabalho de sacrifício,
Que passa puramente em cinzas e fumaça,
Consumido sobre o altar! Tudo é então Deus!
O sacrifício é Brahma, a manteiga e o grão
São Brahma, o fogo é Brahma, a carne que consome
É Brahma, e para Brahma atinge quem,
Neste ofício, medita sobre Brahma.
Alguns votantes há que servem aos deuses,
Com carne e fumaça do altar; mas outros há
Que, acendendo fogueiras mais sutis, fazem rito mais puro,
Com a vontade de adoração. Dentre os quais estão
Aqueles que, na chama branca da continência, consomem
Os prazeres dos sentidos, deleites de olho e ouvido,
Abandonando a fala terno e som de canção:
E aqueles que, acendendo fogueiras com a tocha da Verdade,
Queimam sobre uma pedra oculta do altar a alegria,
Da juventude e do amor, renunciando à felicidade:
E aqueles que oferecem ali sua riqueza,
Sua penitência, meditação, piedade,
Sua leitura constante das escrituras, seu saber,
Dificilmente adquirido com longas austeridades:
E aqueles que, fazendo sacrifício silencioso,
Inspiram seu fôlego para alimentar a chama do pensamento,
E o exalam para elevar o coração,

Governando a entrada de cada ar que entra,
Para que não passe um suspiro que não ajude a alma:
E aqueles que, dia após dia negando necessidades,
Colocam a vida mesma sobre a chama do altar,
Queimando o corpo pálido. Eis! todos estes mantêm
O rito da oferta, como se matassem
Vítimas; e todos, por isso, apagam muitos pecados.
Sim! e quem se alimenta da comida imortal,
Deixada por tal sacrifício, a Brahma passa,
Ao Infindo. Mas para aquele que não faz
Nenhum sacrifício, ele não tem parte nem porção,
Mesmo neste mundo presente. Como poderia ele compartilhar
Outro, ó, Tua Glória de Tua Linhagem?

À vista de Brahma, todas essas ofertas
Estão espalhadas e são aceitas! Compreende
Que tudo procede pela ação; pois, sabendo disto,
Tu estarás livre de dúvida. O sacrifício
Que o Conhecimento paga é melhor do que grandes ofertas,
Oferecidas pela riqueza, uma vez que o valor das ofertas...
Ó, meu Príncipe!... reside na mente que dá, na vontade que serve:
E essas são adquiridas pela reverência, pela busca forte,
Pela humilde atenção àqueles que veem a Verdade,
E a ensinam. Conhecendo a Verdade, teu coração não mais
Afligirá-se com erro, pois a Verdade mostrará
Todas as coisas subjugadas a ti, assim como tu a Mim.
Além disso, Filho de Pandu! se fosses o pior
De todos os malfeitores, esta bela nau da Verdade
Te levaria seguro e seco através do mar,
De tuas transgressões. Como a chama acesa,
Se alimenta do combustível até que se torne cinza,
Assim ao cinza, Arjuna! ao nada,
A chama do Conhecimento queima a escória das obras!
Não há purificador como isso,
Em todo este mundo, e quem o busca
Encontrará... ao ter-se tornado perfeito... em si mesmo.
Crendo, ele o recebe quando a alma,
Domina a si mesma, e se apega à Verdade, e vem...
Possuindo conhecimento... à paz superior,
Ao repouso absoluto. Mas os ignorantes,

E aqueles sem fé plena, e aqueles que temem,
Estão perdidos; não há paz aqui ou em outro lugar,
Nenhuma esperança, nem felicidade para quem duvida.
Aquele que, sendo autocontido, venceu a dúvida,
Separando o eu do serviço, a alma das obras,
Iluminado e emancipado, meu Príncipe!
As obras não o prendem mais! Corte então ao meio,
Com a espada da sabedoria, Filho de Bharata!
Esta dúvida que amarra os batimentos de teu coração! Corte o vínculo,
Nascido de tua ignorância! Seja corajoso e sábio!
Entregue-te ao campo comigo! Levante-se!

E assim terminada o Capítulo IV da Bhagavad Gita, intitulado
Jnana Yog, ou *O Livro da Religião pelo Conhecimento*.

CAPÍTULO V

Karmasangasayog, ou O Livro da Religião pela Renúncia ao Fruto das Obras

ARJUNA:
Mas, Krishna! Tu, por um lado, elogias
A renúncia ao trabalho, e, por outro,
A ação através do trabalho. Destas duas,
Diz claramente qual é o melhor caminho?

KRISHNA.
A renúncia ao trabalho
É boa, e fazer o trabalho na santidade
É bom; ambos levam à bem-aventurança suprema;
Mas, entre estes dois, o melhor é aquele
Que, trabalhando piedosamente, não se abstém.

Esse é o verdadeiro Renunciante, firme e fixo,
Que... não buscando nada, rejeitando nada...
Habita à prova dos "opostos".* Ó, valente Príncipe!
Ao fazê-lo, tal homem se liberta de toda a ação:
É o novo estudioso que fala como se fossem dois,
Este Sankhya e este Yoga; os sábios sabem
Que quem conserva um colhe o fruto dourado de ambos!
A região de alto descanso que os Sankhyas alcançam
Os Yogins a alcançam também. Quem vê estes dois como um
Vê com olhos claros! Contudo, tal abstração, Chefe!
É difícil de conquistar sem muita santidade.
Aquele que está fixo em santidade, autocontrolado,
De coração puro, senhor dos sentidos e de si,
Perdido na vida comum de tudo que vive...
Um "Yogayukt"... ele é um Santo que avança
Diretamente a Brahma. Tal homem não é tocado
Pela mancha dos feitos. "Nada de mim eu faço!",

---
* Isto é, "alegria e tristeza; sucesso e fracasso; calor e frio" etc.

37

Assim ele pensará... quem detém a verdade das verdades...
Ao ver, ouvir, tocar, cheirar; quando
Come, ou vai, ou respira; dorme ou fala,
Prende ou solta, abre os olhos ou os fecha;
Sempre assegurado: "Este é o mundo dos sentidos que joga,
Com os sentidos." Aquele que age em pensamento de Brahma,
Desligando o fim da ação, contente com a ação,
O mundo dos sentidos não pode mais manchar sua alma,
Do que as águas mancham a folha de lótus esmaltada.
Com a vida, com o coração, com a mente... não, com a ajuda
De todos os cinco sentidos... deixando a individualidade de lado...
Os Yogins trabalham sempre em direção à liberação de suas almas.
Tais devotos, renunciando o fruto dos feitos,
Ganham paz infinita: os que não devotos, os que estão atados à paixão,
Buscando um fruto dos trabalhos, estão presos.
O sábio encarnado, retirado dentro de sua alma,
Em cada ato se senta como um deus na "cidade
Que tem nove portões",* nem fazendo algo,
Nem causando qualquer ação. O Senhor deste mundo não faz
Nem o trabalho, nem a paixão pelo trabalho,
Nem a luxúria pelo fruto do trabalho; o próprio ser do homem
Empurra para estas coisas! O Senhor deste Mundo
Não assume os bons ou maus feitos de nenhum homem...
Habitando além! A humanidade erra aqui,
Por tolice, obscurecendo o conhecimento. Mas, para quem
Essa escuridão da alma é dissipada pela luz,
Brilhante e clara resplandece a Verdade manifesta,
Como se um Sol de Sabedoria surgisse para derramar,
Seus raios de aurora. Aquele que medita Nele ainda
Aquele que O busca, com Ele misturado, parado Nele,
As almas iluminadas tomam aquele caminho,
Que não tem retorno... seus pecados atirados fora,
Pela força da fé. ... Quem quiser pode ter esta Luz; Quem a possui vê.
Para aquele que vê sabiamente,
O Brahman com seus rolos e santidades,
A vaca, o elefante, o cão impuro,
O pária devorando carne de cão, todos são um.

---

* Ou seja, o corpo.

O mundo é superado… sim! até aqui!
Por aqueles que fixam sua fé na Unidade.
O Brahma sem pecado habita na Unidade,
E eles em Brahma. Não fiquem excessivamente alegres,
Ao alcançar a alegria, nem excessivamente tristes,
Ao encontrar a dor, mas, parados em Brahma, ainda,
Constantes deixem todos habitar! O sábio cuja alma
Se afasta dos contatos externos, em si mesmo,
Encontra a bem-aventurança; unido a Brahma pela piedade,
Seu espírito prova a paz eterna. As alegrias
Que brotam da vida dos sentidos são apenas ventres,
Que geram dores seguras: essas alegrias começam e terminam!
A mente sábia não encontra prazer, Filho de Kunti!
Em tais coisas! Mas se um homem aprender,
Mesmo enquanto vive e suporta a corrente de seu corpo,
A dominar a luxúria e a ira, ele é abençoado!
Ele é o Yukta; ele possui felicidade,
Contentamento, luz, dentro: sua vida está mergulhada
Na vida de Brahma; ele toca o Nirvana!
Assim vão os Rishis para o descanso, que habitam
Com os pecados apagados, com as dúvidas ao fim, com os corações,
Governados e calmos. Alegres em todo o bem, vivem,
Próximos à paz de Deus; e todos aqueles vivem,
Que passam seus dias isentos de ganância e ira,
Subjugando a si e aos sentidos, conhecendo a Alma!

O Santo que fecha fora sua alma plácida,
Todo toque do sentido, não permitindo nenhum contato;
Cujo olhar tranquilo se fixa a partir das sobrancelhas fixas,
Cujo sopro exterior e interior é puxado,
Igual e devagar através das narinas ainda e fechadas;
Aquele… com órgãos, coração e mente contidos,
Focado na libertação, tendo deixado de lado
A paixão, e o medo, e a raiva… já obteve,
Mesmo agora, a libertação, sempre e para sempre livre.
Sim! Pois ele conhece a Mim, Que sou Ele que cuida,
Do sacrifício e da adoração, Deus revelado;
E Ele que não cuida, sendo Senhor dos Mundos,

Amoroso de tudo que vive, Deus não revelado,
Onde quem quiser encontrará segurança e proteção!

E assim termina o Capítulo V da Bhagavad Gita, intitulado
Karmasanyasayog, ou *O Livro da Religião pela Renúncia ao Fruto das Obras.*

CAPÍTULO VI
Atmasangamagog, ou *O Livro da Religião pela Autocontenção*

KRISHNA:
Portanto, quem faz o trabalho que é direito fazer,
Sem buscar ganho do trabalho, esse homem, ó, Príncipe!
É Sanyasi e Yogi... ambos em um;
E ele não é aquele que não acende a chama
Do sacrifício, nem põe a mão à obra.

Considera como verdadeiro Renunciante aquele que faz
Adoração por meio do trabalho, pois quem não renuncia
Não age como Yogin. Assim é bem dito:
"Por meio das obras, o devoto se eleva à fé,
E a santidade é a cessação de todas as obras;
Porque o perfeito Yogin age... mas age
Desprendido de paixões e não atado pelos feitos,
Deixando de lado o resultado.

Deixe que cada homem eleve
O Eu pelo Eu, e não pisoteie o seu Eu,
Uma vez que o Eu que é amigo do Ser pode se tornar inimigo.
O Eu é amigo do Ser quando o Ser governa sobre o Ser,
Mas o Ser se torna inimigo se o próprio Ser
Odiar o Ser como não sendo ele mesmo.*

A soberana alma,
Aquele que vive autocontrolado e em paz
Está centrado em si mesmo, tomando igualmente
Prazer e dor; calor, frio; glória e vergonha.
Ele é o Yogi, ele é o Yukta, alegre,
Com a alegria da luz e da verdade; vivendo afastado

---

* O sânscrito tem esse jogo com o duplo significado de Atman.

Sobre um pico, com os sentidos subjugados,
Onde a terra, a rocha, o ouro cintilante
Mostram todos como um. Por este sinal é ele conhecido,
Por ser de igual graça para companheiros, amigos,
Estranhos, amantes, inimigos,
Estranhos e parentes; amando a todos igualmente,
Malévolos ou bons.

Isolado deve ele sentar-se,
Meditando firmemente, solitário,
Seus pensamentos controlados, suas paixões afastadas,
Despojado de pertences. Em um lugar belo e tranquilo,
Tendo sua morada fixa... não muito elevada,
Nem muito baixa... deixe-o habitar, seus bens,
Uma roupa, uma pele de veado e a grama Kusa.
Lá, fixando sua mente no Único,
Contendo coração e sentidos, silencioso, calmo,
Deixe-o realizar o Yoga e alcançar,
A pureza da alma, mantendo o corpo,
O pescoço e a cabeça imutáveis, seu olhar absorvido,
Na ponta do nariz,* extático de tudo ao redor,
Tranquilo em espírito, livre do medo, concentrado,
Em seu voto de Brahmacharya, devoto,
Meditando em Mim, perdido no pensamento de Mim.
Aquele Yojin, tão devotado, tão controlado,
Chega à paz além... Minha paz, a paz,
Do alto Nirvana!

Mas para necessidades terrenas
A religião não é dele que jejua excessivamente,
Ou come em demasia, nem dele que deixa
Uma mente ociosa dormir; nem dele que desgasta
Sua força em vigílias. Não, Arjuna! Chama
Aquilo a verdadeira piedade que mais remove,
As dores e males da Terra, onde um é moderado
Na alimentação, no descanso e na diversão;
Medido em desejo e ação; dormindo a tempo,
Acordando a tempo para o dever.

---

* Como aparece no original.

Quando o homem,
Assim vivendo, centra na alma o pensamento,
Estritamente controlado... intocado internamente,
Pela pressão dos sentidos... então ele é Yukta. Veja!
Uma lâmpada firme queima protegida do vento;
Tal é a semelhança da mente do Yogi,
Fechada das tempestades dos sentidos e ardendo brilhante para o Céu.
Quando a mente medita plácida, suavizada pelo costume sagrado;
Quando o Eu contempla o eu, e em si mesmo,
Tem conforto; quando sabe a alegria sem nome,
Além de todo o alcance dos sentidos, revelada à alma...
Somente à alma! E, sabendo, não hesita,
Fiel à Verdade mais distante; quando, segurando isto,
Considera nenhum outro tesouro comparável,
Mas, ali abrigado, não pode ser agitado ou abalado,
Por qualquer dor grave, chama esse estado "paz",
Aquela feliz separação do Yoga; chama aquele homem,
O Yogin perfeito!

Firme é a vontade,
Deve trabalhar para isso, até que os esforços terminem em facilidade,
E o pensamento tenha passado do pensar. Sacudindo
Todos os anseios gerados por sonhos de fama e ganho,
Fechando as portas dos sentidos com vigilância; assim, passo a passo,
Ele alcança o dom da paz assegurada e o coração acalmado,
Quando a mente habita em si mesma, e a alma medita,
Sem peso. Mas, sempre que o coração
Quebra... selvagem e hesitante... do controle, tantas vezes,
Deixe-o refreá-lo novamente, deixe-o controlar isso
Para a governança da alma; pois a perfeita bem-aventurança
Cresce somente no seio tranquilizado,
O espírito impassível, purificado da ofensa,
Votado ao Infinito. Aquele que assim vota
Sua alma ao Supremo, deixando o pecado,
Passa sem impedimentos para a bem-aventurança infinita,
Da unidade com Brahma. Aquele que assim vota,
Assim fundido, vê a Alma da Vida residente,
Em todas as coisas vivas, e todas as coisas vivas,
Contidas naquela Alma da Vida. E quem assim
Discernir a Mim em tudo, e tudo em Mim,

Nunca o deixo ir; nem ele solta
Apegos sobre Mim; mas, habite onde habitar,
Qualquer que seja sua vida, nele habito e vivo,
Porque ele conhece e adora a Mim, que habito
Em tudo que vive, e se apega a Mim em tudo.
Arjuna! Se um homem vê em toda parte...
Ensinado por sua própria semelhança... uma Vida,
Uma Essência no Mal e no Bem,
Considera-o um Yogi, sim! bem aperfeiçoado!

Arjuna:
Destruidor de Madhu! mais uma vez, este Yoga,
Esta Paz, derivada da equanimidade,
Tornada conhecida por ti... não vejo fixidez
Nela, nem descanso, porque o coração dos homens
É instável, Krishna! imprudente, tumultuado,
Arbitral e forte. Penso que seria tudo um
Apertar o vento caprichoso, como o coração do homem domesticado.

Krishna:
Herói de braços longos! sem dúvida
Difícil é o coração do homem de reter, e volúvel;
Ainda assim, pode se tornar contido por hábito, Príncipe!
Pelo costume de autocontrole. Este Yoga, eu digo,
Não vem facilmente para os não governados;
Mas aquele que quiser ser mestre de si mesmo,
O conquistará, caso se esforce resolutamente.

Arjuna:
E que caminho segue aquele que, tendo fé,
Falha, Krishna! na luta; retrocedendo
Da santidade, perdendo a regra perfeita?
Ele não está perdido, afastando-se da luz de Brahma,
Como a nuvem vã, que flutua entre a terra e o céu,
Quando o relâmpago a fende, e ela desaparece?
Quero muito ouvir-te responder a isso,
Pois, Krishna! ninguém senão tu pode esclarecer a dúvida.

KRISHNA:
Ele não está perdido, filho de Pritha! Não!
Nem a terra, nem o céu é perdido, mesmo para ele,
Porque nenhum coração que guarda um desejo reto
Trilha o caminho da perda! Aquele que falhar,
Desejando a retidão, chega na morte,
À Região dos Justos; habita lá,
Anos sem medida, e, renascendo,
Começa a vida novamente em algum lar belo,
Entre os brandos e felizes. Pode ser
Que ele desça em uma casa de Yogin,
Sobre o seio da Virtude; mas isso é raro! Tal nascimento
É difícil de ser obtido nesta terra, Chefe!
Assim, ele recupera novamente as alturas do coração,
Que conseguiu, e assim esforça-se novamente,
Para a perfeição, com melhor esperança, querido Príncipe!
Porque pelo velho desejo é atraído,
Sem saber; e somente desejar,
A pureza do Yoga é passar,
Além do Sabdabrahm, o Veda falado.
Mas, sendo Yogi, esforçando-se forte e longo,
Purificado das transgressões, aperfeiçoado por nascimentos,
Seguindo os nascimentos, ele finalmente planta seus pés,
No caminho mais distante. Tal um é classificado,
Acima dos ascetas, mais alto que os sábios,
Além dos que realizam grandes feitos! Seja tu,
Yogi Arjuna! E de tais palavras acredite,
O mais verdadeiro e melhor é aquele que me adora,
Com a alma mais íntima, fixado em Meu Mistério!

E assim termina o Capítulo VI da Bhagavad Gita, intitulado Atmasanyamayog, ou *O Livro da Religião pela Autocontenção*.

CAPÍTULO VII

Vijnanagog, ou *O Livro da Religião Pelo Discernimento*

KRISHNA:
Aprenda agora, querido Príncipe! como, se a tua alma estiver
Sempre em Mim... ainda exercendo o Yog,
Ainda fazendo de Mim o teu refúgio... tu chegarás
Com certeza à perfeita união comigo.
Eu te declararei essa mais alta sabedoria,
Toda e específica, que, quando tu a souberes,
Não deixará mais nada a saber aqui neste mundo.

De milhares de mortais, um, talvez,
Esforça-se pela Verdade; e dos poucos que se esforçam...
Não, e se elevam muito... apenas um,
Aqui e ali, conhece-Me como sou, a Verdade em si.

Terra, água, fogo, ar, éter, vida e mente,
E individualidade... esses oito
Formam a Minha Manifestação.

Estes são minha natureza inferior; aprendam a superior
Pela qual, ó, Valente! este Universo,
É, por seu princípio vital, produzido;
Onde os mundos das coisas visíveis nascem
Como de um útero. Sabe! eu sou esse ventre:
Eu faço e desfaz este Universo:
Além de Mim, não há outro Senhor, Príncipe!
Nenhum outro Criador! Todos esses dependem de Mim,
Como um colar de pérolas em seu fio.
Eu sou o sabor fresco da água; eu
Sou a prata da lua, o ouro do sol,
A palavra de adoração nos Vedas, o prazer,
Que passa pelo éter e a força,

Do sêmen do homem. Eu sou o bom e doce cheiro,
Da terra umedecida, eu sou a luz vermelha do fogo,
O ar vital que se move em tudo que se move,
A santidade das almas consagradas, a raiz
Imortal, de onde tudo surgiu;
A sabedoria dos sábios, a inteligência
Dos informados, a grandeza dos grandes,
O esplendor dos esplêndidos. Filho de Kunti!
Esses sou eu, livre da paixão e do desejo;
No entanto, sou o desejo certo em todos que anseiam,
Chefe dos Bharatas! pois todos esses modos
Verdadeiros, ou apaixonados, ou ignorantes,
Que a Natureza cria, derivam de Mim; mas todos
Estão fundidos em Mim... não eu neles! O mundo...
Enganado por essas três qualidades do ser...
Não Me conhece, estou além de todas elas,
Acima de todas, Eterno! Difícil é
Romper aquele véu divino de diversas aparências,
Que Me esconde; ainda assim, aqueles que Me adoram
Rompem e passam além.

Não sou conhecido
Pelos malfeitores, nem pelos tolos,
Nem pelos baixos e rudes; nem por aqueles
Cuja mente é enganada pela aparência das coisas,
Nem por aqueles que seguem o caminho dos Asuras.[*]

Quatro tipos de mortais Me conhecem: aquele que chora,
Arjuna! e o homem que anseia saber;
E aquele que labuta para ajudar; e aquele que se assenta
Certo de Mim, iluminado.

Desses quatro,
ó, Príncipe da Índia! o mais alto, o mais próximo, o melhor,
É aquele último, a alma devota, sábia, concentrada
No "Único." Querido, acima de todos, sou eu,
Para ele; e ele é o mais querido para Mim!
Todos os quatro são bons e Me buscam; mas os Meus,

---

[*] Seres de natureza baixa e diabólica.

Os verdadeiros de coração, os fiéis... fixados em Mim,
Considerando-Me sua máxima bem-aventurança...
Não são "Meus", mas eu... eu mesmo!
Ao fim de muitas vidas, eles vêm a Mim!
Ainda assim, difícil é encontrar o sábio Mahatma,
Aquele homem que diz, "Tudo é Vasudeva!"*

Há também aqueles, cuja sabedoria, desviada,
Por este desejo ou aquele, os leva a servir,
Alguns deuses inferiores, com vários rituais,
Constrangidos pelo que os molda. Para todos esses...
Adorando qualquer altar que desejarem, quaisquer formas,
Em fé... é a Mim que dou fé! Estou contente!
O coração, assim pedindo favor ao seu Deus,
Escurecido, mas ardente, tem o fim que busca,
A bênção menor... mas é a Mim que dou!
No entanto, logo murcha o pequeno fruto que colhem:
Esses homens de mentes pequenas, que adoram assim,
Vão para onde adoram, passando com seus deuses.
Mas os Meus vêm a Mim! Cegos são os olhos,
Que consideram o Não-manifestado manifestado,
Não compreendendo-Me em Minha verdadeira Essência!
Impermanente, invisível, não declarado,
Oculto atrás do Meu véu mágico de aparências,
Não sou visto por todos; não sou conhecido...
Nascente e imutável... para o mundo ocioso.
Mas eu, Arjuna! sei todas as coisas que foram,
E todas que são, e todas que serão,
Ainda que nenhum entre eles Me conheça!

Por causa da paixão pelos "pares de opostos",
Por essas duas armadilhas do Gostar e do Desgostar, Príncipe!
Todas as criaturas vivem confusas, exceto algumas poucas,
Que, livres de pecados, santas em ato, informadas,
Libertas dos "opostos", e fixadas na fé,
Se apegam a Mim.

---

* Krishna.

Aqueles que se apegam, que buscam em Mim,
Refúgio do nascimento* e da morte, esses têm a Verdade!
Esses Me conhecem como BRAHMA; conhecem-Me como Alma das Almas,
O ADHYATMAN; conhecem KARMA, meu trabalho;
Sabem que sou ADHIBHUTA, Senhor da Vida,
E ADHIDAIVA, Senhor de todos os Deuses,
E ADHIYAJNA, Senhor do Sacrifício;
Adoram-Me bem, com corações de amor e fé,
E Me encontram e retêm na hora da morte.

E assim termina o Capítulo VII da Bhagavad Gita, intitulado Vijnanayog, ou *O Livro da Religião pelo Discernimento*.

---

* Eu leio aqui janma, "nascimento"; não jara, "idade".

CAPÍTULO VIII

Aksharaparabrahmagog, ou *O Livro da Religião pela Devoção a Um Deus Supremo*

Arjuna:
Quem é esse Brahma? O que é essa Alma das Almas,
O Adhyatman? O que, Tu, o Melhor de Todos!
Teu trabalho, o Karma? Dize-me o que é,
Que Tu chamas de Adhibhuta? O que significa
Adhidaiva? Sim, e como é que Tu podes ser
Adhiyajna em tua carne?
Destruidor de Madhu! Além disso, faze-me saber
Como os bons te encontram na hora da morte?

Krishna:
Eu sou Brahma! o Único Deus Eterno,
E Adhyatman é o nome do Meu Ser,
A Alma das Almas! O que brota de Mim,
Fazendo toda vida viver, é chamado Karma:
E, Manifestado em formas divididas,
Eu sou o Adhibhuta, Senhor das Vidas;
E Adhidaiva, Senhor de todos os Deuses,
Porque sou Purusha, que gera.
E Adhiyajna, Senhor do Sacrifício,
Eu... falando contigo neste corpo aqui...
Sou, ó, encarnado! (pois todos os altares,
Flamejam para Mim!) E, na hora da morte,
Aquele que meditava somente em Mim,
Ao deixar seu corpo, vem a Mim,
Entra em Meu Ser... não duvides!
Mas, se ele meditou de outra forma,
Na hora da morte, ao deixar a carne,
Ele vai para o que buscou, Filho de Kunti!
Pois a Alma se molda à sua semelhança.

Tenha-Me, então, em teu coração sempre! e luta!
Tu também, quando coração e mente estão fixados em Mim,
Certamente virás a Mim! Todos vêm aqueles que se apegam,
Com a vontade firme e inabalável da mais forte fé,
Não reconhecendo outros Deuses: todos vêm a Mim,
O Último, o Purusha, o Mais Sagrado!
Aquele que Me conhece, Senhor do sábio e do cantor,
Antigo dos dias; de todos os Três Mundos Sustentador,
Ilimitado... mas, a cada átomo, Dador,
Daquilo que o vivifica: quem, eu digo:

Conhece Minha forma, que ultrapassa o conhecimento mortal;
Viu meu esplendor... que nenhum olho viu...
Mais brilhante que o ouro ardente do sol,
Dispersando a escuridão... para ele foi...

A verdadeira vida! E, na hora em que a vida termina,
Com a mente fixada e confiante piedade,
Respirando ainda sob frontes calmas e firmes,
Em feliz paz, esse fiel morre...

Em alegre paz passa para o céu do Purusha.
O lugar que aqueles que leem os Vedas nomeiam
AKSHARAM, "O Último"; a que se esforçaram
Santos e ascetas... o caminho deles é o mesmo.

Esse caminho... o caminho mais alto... vai aquele que fecha,
As portas de todos os seus sentidos, tranca o desejo,
Safado em seu coração, centra os ares vitais,
Em seu pensamento que parte, fixo e determinado;
E, murmurando OM, a sílaba sagrada...
Emblema de BRAHM... morre, meditando em Mim.

Pois quem, sem olhar para outros Deuses, olha
Sempre para Mim, facilmente sou eu alcançado,
Por tal Yogi; e, ao Me atingir,
Eles não voltam... esses Mahatmas... de volta à vida,
À vida, que é o lugar da dor, que termina,
Mas tomam o caminho da bem-aventurança suprema.

Os mundos, Arjuna!... até mesmo o mundo de Brahma...
Voltam de novo da Morte para a Inquietude da Vida;
Mas eles, ó, Filho de Kunti! que chegam a Mim,
Não provam mais o renascimento. Se você conhece o Dia de Brahma,
Que é mil Yugas; se você conhece,
As mil Yugas que formam a Noite de Brahma,
Então sabeis o Dia e a Noite como Ele conhece!
Quando aquela vasta Aurora desponta, o Invisível
É trazido novamente ao Visível;
Quando aquela profunda Noite escurece, tudo que é
Desaparece de volta para Aquele que o enviou:
Sim! esta vasta companhia de seres vivos...
Novamente e ainda novamente produzida... expira,
À Noite de Brahma; e, ao Amanhecer de Brahma,
Ergue-se, sem querer, para a vida nova-nascida.
Mas... mais alto, mais profundo, mais íntimo... permanece
Outra Vida, não como a vida dos sentidos,
Escapando à visão, inalterável. Esta persiste,
Quando todas as coisas criadas passaram:
Esta é a Vida chamada o Não-manifesto,
O Infinito! o Todo! o Último.
Ao chegar lá, ninguém retorna. Essa Vida
É Minha, e eu estou lá! E, Príncipe! por fé,
Que não vacila, há um caminho para chegar
Lá. Eu, o PURUSHA, Eu que espalhei
O Universo ao meu redor... em Quem habitam
Todas as coisas vivas... pode assim ser alcançado e visto!

. . . . *

Mais rica que os frutos sagrados que crescem nos Vedas,
Maior que dádivas, melhor que oração ou jejum,
Tal sabedoria é! O Yogi, conhecendo esse caminho,
Chega à Última Paz Perfeita, por fim.

E assim termina o Capítulo VIII da Bhagavad Gita, intitulado Aksharaparabrahmayog, ou *O Livro da Religião pela Devoção a Um Deus Supremo.*

---

* Eu descartei dez linhas de texto sânscrito aqui como uma interpolação indubitável de algum vedantista.

CAPÍTULO IX

Rajavidgarajaguhyagog, ou *O Livro da Religião pelo Conhecimento Real e o Mistério Real*

KRISHNA:
Agora vou abrir-te... o seu coração,
Não rejeita... essa última doutrina, a mais profunda,
Esse segredo mais distante dos Meus Céus e Terras,
Que, apenas ao saber, te libertará de males...
Uma doutrina real! um Mistério Real!
Sim! pois para a alma, tal luz a purifica
De todo pecado; uma luz de santidade,
Brilhando em esplendor interior; clara de ver;
Fácil de seguir, inesgotável!

Aqueles que não a recebem, falhando na fé,
Em apreender a maior sabedoria, não Me alcançam,
Destruidor de teus inimigos! Eles afundam novamente,
No reino da Carne, onde todas as coisas mudam!

Por Mim, todo o vasto Universo de coisas,
É espalhado;... por Mim, o Não-manifesto!
Em Mim estão todas as existências contidas;
Não Eu nelas!

Ainda assim, não estão contidas
Essas coisas visíveis! Recebe e esforça-te para abraçar
O mistério majestático! Meu Ser...
Criando tudo, sustentando tudo... permanecendo ainda
Fora de tudo!

Veja! assim como os ares sem limites,
Se movem no espaço imensurável, mas não são o espaço,

[e o espaço seria espaço sem os ares em movimento];
Assim todas as coisas estão em Mim, mas não sou Eu.

No fechamento de cada Kalpa, Príncipe Indiano!
Todas as coisas que são voltam para Meu Ser:
No início de cada Kalpa, todas
Emitem-se renovadas de Mim.

Por Energia,
E ajuda de Prakriti, meu Eu externo,
Novamente, e ainda novamente, faço surgir
Os reinos das coisas visíveis... sem sua vontade...
Todas elas... pelo poder de Prakriti.

Ainda assim, essas grandes criações, Príncipe! não Me envolvem,
Não Me prendem! Eu me sento à parte delas,
Outro, e Superior, e Livre; de modo algum ligado!

Assim a matéria dos mundos, moldada por Mim,
Produz tudo que é, móvel ou imóvel,
Vivo ou sem vida! Assim os mundos continuam!

As mentes não instruídas confundem-Me, velado em forma;...
Nada veem de Minha Presença secreta, nada,
De Minha Natureza oculta, que governa tudo que vive.
Buscando esperanças vãs, fazendo ações vãs; alimentados
Com o mais vã de conhecimento, insensatamente eles buscam
Um caminho maligno, o caminho das bestas e demônios.
Mas Meus Mahatmas, aqueles de alma nobre,
Que, trilhando o caminho celestial, Me adoram,
Com corações inabaláveis... sabendo-Me a Fonte,
A Fonte Eterna da Vida. Incessantemente,
Me glorificam; buscam-Me; mantêm seus votos,
De reverência e amor, com fé inalterável,
Adorando-Me. Sim, e também aqueles adoram,
Que, oferecendo sacrifício de corações despertos,
Têm a sensação de um único Espírito penetrante,
Uma Força em todo lugar, embora múltipla!
Eu sou o Sacrifício! Eu sou a Oração!
Eu sou o bolo funerário preparado para os mortos!

Eu sou a erva curativa! Eu sou o ghee,
O Mantra, e a chama, e aquele que queima!
Eu sou... de todo este universo ilimitado...
O Pai, a Mãe, o Ancestral, e o Guardião!
O fim do Conhecimento! Aquilo que purifica
Na água lustral! Eu sou OM! Eu sou
Rig-Veda, Sama-Veda, Yajur-Veda;
O Caminho, o Provedor, o Senhor, o Juiz,
A Testemunha; a Morada, a Casa do Refúgio,
O Amigo, a Fonte e o Mar da Vida,
Que envia e absorve; Tesouro dos Mundos,
E Câmara do Tesouro! Semente e Semeador,
De onde colheitas sem fim brotam! O calor do sol é Meu;
A chuva do céu é Minha para conceder ou reter;
A Morte sou Eu, e a Vida Imortal sou Eu,
Arjuna! SAT e ASAT, Vida Visível,
E Vida Invisível!

Sim! aqueles que aprendem,
Os três Vedas, que bebem o vinho Soma,
Purificam pecados, fazem sacrifícios... deles, eu concedo
A passagem ao Swarga; onde as carnes divinas,

Dos grandes deuses os alimentam no alto céu de Indra.
Ainda assim, quando essa prodigiosa alegria termina,
O Paraíso se esgota, e o pagamento por méritos dados
Retornam ao mundo da morte e da mudança mais uma vez.

Eles tiveram sua recompensa! armazenaram seu tesouro,
Seguindo a Escritura tripla e sua escrita;
Quem busca isso ganha o prazer efêmero,
Da alegria que vem e vai! Eu lhes concedo isso!

Mas àqueles abençoados que Me adoram,
Não virando-se para outros, com mentes firmes,
Eu trago a garantia de plena felicidade além.

Não, e dos corações que seguem outros deuses,
Em simples fé, suas orações se elevam a Mim,
ó, Filho de Kunti! embora eles orem incorretamente;

Pois eu sou o Receptor e o Senhor,
De todo sacrifício, que estes não sabem,
Corretamente; assim, eles caem de volta à terra!
Quem segue deuses vai para seus deuses; quem oferece,
Suas almas aos Pitris vai para os Pitris; mentes,
Entregues a Bhuts malignos afundam nos Bhuts;
E quem Me ama vem a Mim.
Quem Me oferecer com fé e amor,
Uma folha, uma flor, um fruto, água derramada,
Essa oferta aceito, feita com devoção,
E vontade piedosa. O que quer que faças, Príncipe!
Comendo ou sacrificando, dando presentes,
Orando ou jejuando, deixe que tudo seja feito,
Por Mim, como Meu. Assim te libertarás
Do Karmabandh, a corrente que prende os homens,
A um bom e mau resultado, assim virás,
Em segurança a Mim... quando estiver livre da carne...
Pela fé e pela entrega unidas a Mim!
Eu sou igual para todos! Não conheço ódio,
Não conheço favor! O que é feito é Meu!
Mas, aqueles que Me adoram com amor, Eu amo;
Eles estão em Mim, e Eu neles!

Não, Príncipe!
Se um de vida má se voltar em seu pensamento
Diretamente para Mim, conta-o entre os bons;
Ele escolheu o caminho elevado; ele crescerá,
Justo logo; ele alcançará aquela paz,
Que não muda. Tu, Príncipe da Índia!
Tenha certeza de que ninguém pode perecer, confiando em Mim!
Ó, Filho de Pritha! quem se voltar para Mim,
Embora nascido do próprio ventre do Pecado,
Mulher ou homem; surgido da casta Vaisya,
Ou do desprezado Sudra,... todos
Colocam o pé no caminho mais alto; como então
Os santos Brahmanas e Meus Santos Reais?
Ah! vós que viestes a este mundo mau...
Fugaz e falso... fixai vossa fé em Mim!
Fixai coração e pensamento em Mim! Adorai-Me! Trazei,

Ofertas a Mim! Fazei prostrações a Mim!
Fazei de Mim a vossa suprema alegria! e, sem divisão,
Os vossos espíritos serão guiados ao Meu descanso.

E assim termina o Capítulo IX da Bhagavad Gita, intitulado Rajavidyaraja-guhyayog, ou *O Livro da Religião pelo Conhecimento Real e o Mistério Real.*

CAPÍTULO X

Vibhuti Yog, ou *O Livro das Perfeições Celestiais*

Krishna:[*]
Ouça ainda mais, ó, Senhor de Longas Braças! Estas últimas palavras que digo...
Proferidas para trazer-te felicidade e paz, tu que sempre Me amas...
Nem a grande companhia dos deuses nem os reis Rishis conhecem
Minha Natureza, que fez os deuses e Rishis há muito tempo;
Somente ele que é livre de pecado e sábio conhece,
Aquele que Me vê, Senhor dos Mundos, com olhos iluminados pela fé,
Inócuo, imortal, sem começo. Quaisquer Naturezas
Que os homens mortais possuem, essas Naturezas brotam de Mim!
Intelecto, habilidade, iluminação, resistência, autocontrole,
Veracidade, equanimidade, e alegria ou dor da alma,
E nascimento e morte, e temor e destemor, e vergonha,
E honra, e doçura inofensiva[**], e paz que é a mesma,
O que quer que aconteça, e alegria, e lágrimas, e piedade, e economia,
E desejo de dar, e vontade de ajudar... tudo vem do Meu dom!
Os Sete Santos Chefes, os Quatro Anciãos, os Manus Senhorais...
Compartilhando Meu trabalho... para governar os mundos, estes também Eu gerei;
E Rishis, Pitris, Manus, todos, por um pensamento de Minha mente;
Dali surgiram, para preencher este mundo, as raças da humanidade;
De onde quem compreende Meu Reino de mística Majestade...
Aquela verdade das verdades... está assim ligado, em fé sem falhas, a Mim:
Sim! conhecendo-Me a fonte de tudo, por Mim todas as criaturas feitas,
Os sábios em espírito se apegam a Mim, em Meu Ser trazidos;
Corações fixados em Mim; respirações entregues a Mim; louvando-Me, cada um ao outro,

---

[*] O poema sânscrito aqui possui uma elevação de estilo e maneira que eu me esforcei para fazer as devidas marcações através da métrica.

[**] Ahinsa.

Assim eles têm felicidade e paz, com pensamentos e palavras piedosos;
E a esses... servindo bem assim, amando incessantemente...
Eu dou uma mente de humor perfeito, pela qual eles se atraem a Mim;
E, por amor a eles, dentro de suas almas obscurecidas Eu habito,
E, com raios brilhantes da lâmpada da sabedoria, sua ignorância dissipo.

ARJUNA:
Sim! Tu és Parabrahm! O Alto Abrigo!
A Grande Purificação! Tu és Deus,
Eterno, Criador de tudo, Santo, Primeiro,
Sem começo! Senhor dos Senhores e Deuses!
Declarado por todos os Santos... por Narada,
Vyasa, Asita, e Devalas;
E aqui Te declaram a Ti mesmo!
O que agora disseste eu sei que é verdade,
Ó, Kesava! que nem deuses nem homens,
Nem demônios compreendem Teu mistério,
Tornado manifesto, Diviníssimo! Somente Tu,
Somente Tu mesmo conheces, Criador Supremo!
Mestre de todos os seres! Senhor dos Deuses!
Rei do Universo! A Ti somente,
Pertence contar a excelência celestial,
Daquelas perfeições com as quais Tu enches,
Estes Teus mundos; Pervadindo, Imanente!
Como poderei aprender, o Supremíssimo Mistério!
Para Te conhecer, embora eu medite continuamente?
Sob qual forma de Tuas inúmeras formas,
Poderás ser compreendido? Ah! mais uma vez conta,
Clara e completa, Tuas grandes aparições,
Os segredos de Tua Majestade e Poder,
Ó, Alto Delírio dos Homens! Nunca é suficiente,
Para meus ouvidos beber o Amrit* de tais palavras!

KRISHNA:
Hanta! Assim seja! Príncipe Kuru! Eu irei a ti revelar
Algumas porções da Minha Majestade, cujos poderes são muitos!
Eu sou o Espírito sentado profundo no coração de cada criatura;
De Mim elas vêm; por Mim vivem; à Minha palavra partem!

---

* O néctar da imortalidade.

Vishnu dos Adityas eu sou, aqueles Senhores da Luz;
Maritchi dos Maruts, os Reis da Tempestade e da Devastação;
Durante o dia eu brilho, o sol dourado do meio-dia ardente;
À noite, entre as constelações eu deslizo, a lua salpicada!
Dos Vedas eu sou o Sama-Ved, dos deuses no céu de Indra,
Vasava; das faculdades dadas aos seres vivos,
A mente que apreende e pensa; de Rudras, Sankara;
Dos Yakshas e dos Rakshasas, Vittesh; e Pavaka,
Dos Vasus, e dos picos montanhosos Meru; Vrihaspati,
Conhece-Me entre os Poderes planetários; entre Guerreiros celestiais,
Skanda; de todos os inundações aquáticas, o Mar que bebe cada um,
E Bhrigu dos Santos sagrados, e OM da fala sagrada;
Das orações a oração que sussurras;* das montanhas a neve do Himalaia,
E Aswattha, a figueira, de todas as árvores que crescem;
Dos Devarshis, Narada; e Chitrarath dos que,
Cantam no Céu, e Kapila dos Munis, e a joia,
Dos corcéis voadores, Uchchaisravas, do Amrit que jorrou;
Dos elefantes Airavata; dos machos o Melhor e Primeiro;
Das armas o calor do raio; das vacas brancas Kamadhuk,
Das quais os grandes mamilos de leite todos os desejos são saciados;
Vasuki das tribos de serpentes, em torno de Mandara entrelaçado;
E mil-fang Ananta, sobre cujas largas espirais reclina
Vishnu; e dos seres aquáticos Varuna; Aryam,
Dos Pitris, e, dos que julgam, Yama, o Juiz sou eu;
Dos Daityas temíveis Prahlada; do que mede dias e anos,
O Tempo mesmo sou; dos animais das florestas... búfalos, cervos, e ursos...
O lordoso tigre pintado; dos pássaros o vasto Garud,
O furacão entre os ventos; entre chefes Rama com sangue manchado,
Makar entre os peixes do mar, e Ganges entre os rios;
Sim! Primeiro, Último, e Centro de tudo o que é ou parece,
Sou eu, Arjuna! Sabedoria Suprema do que é sábio,
Palavras nos lábios que falam eu sou, e a visão dos olhos,
E "A" de caracteres escritos, Dwandwa** de fala entrelaçada,
E Vida Infinita, e Amor sem limites, cujo poder sustenta cada um;
E a amarga Morte que toma a todos, e o alegre nascimento repentino,
Que traz à luz todos os seres que devem estar na terra;
E das virtudes invisíveis, Fama, Fortuna, Canção sou eu,

---

* Chamado de "O Jap".

** A forma composta de palavras sânscritas.

E Memória, e Paciência; e Habilidade, e Constância:
Dos hinos védicos o Vrihatsam, dos metros o Gayatri,
Dos meses o Margasirsha, das três estações,
A primavera com guirlandas de flores; no jogo de dados o duplo,
Oito;
O esplendor do esplêndido, e a grandeza do grande,
Vitória sou eu, e Ação! e a bondade do bom,
E Vasudev da raça Vrishni, e deste grupo Pandu,
Tu mesmo!... Sim, meu Arjuna! tu mesmo; pois tu és Meu!
Dos poetas Usana, dos santos Vyasa, sábio divino;
A política dos conquistadores, a potência dos reis,
O grande silêncio inquebrantável nas coisas secretas do saber;
O saber de todos os sábios, a semente de tudo que brota.
Vivo ou sem vida, parado ou agitado, quaisquer seres sejam,
Nenhum deles está em todos os mundos, mas existe por Mim!
Nem língua pode contar, Arjuna! nem fim da contagem virá,
Dessas Minhas glórias ilimitadas, das quais te ensino algumas;
Pois onde quer que haja uma obra admirável, e majestade, e poder De
Mim tudo procedeu. Recebe isto corretamente!
Mas como deves receber, ó, Príncipe! a vastidão desta palavra?
Eu, que sou tudo, e fiz tudo, sou o Senhor separado de tudo!

E assim termina o Capítulo X da Bhagavad Gita, intitulado Rajavidyarajaguhyayog, ou Vibhuti Yog, ou *O Livro das Perfeições Celestiais*.

CAPÍTULO XI

Viswarupadarsanam, ou *O Livro da Manifestação do Um e do Múltiplo*

ARJUNA:
Isso, para a paz da minha alma, ouvi de Ti
O desdobramento do Mistério Supremo,
Chamado Adhyatman; compreendendo isso,
Minha escuridão se dissipa; pois agora eu sei...
Ó, Olhos de Lótus!* de onde é o nascimento dos homens,
E de onde a morte deles, e quais as majestades,
De Teu reino imortal. Desejaria ver,
Como Tu mesmo declaras, Senhor Soberano!
A semelhança daquela glória de Tua Forma,
Totalmente revelada. Ó, Tu, Divino!
Se isso pode ser, se eu puder suportar a visão,
Torna-Te visível, Senhor de todas as orações!
Mostra-me a Ti mesmo, o Deus Eterno!

KRISHNA:
Olha, então, tu Filho de Pritha! Eu manifesto para ti
Aquelas cem mil formas que revestem meu Mistério:
Eu te mostro todas as minhas semelhanças, infinitas, ricas, divinas,
Minhas cores mutáveis, minhas incontáveis formas. Veja! nesta minha face,
Adityas, Vasus, Rudras, Aswins e Maruts; veja,
Maravilhas incontáveis, Príncipe Indiano! reveladas a ninguém além de ti.
Eis! este é o Universo!... Veja! o que está vivo e morto,
Eu reúno tudo em um... em Mim! Olha, como teus lábios disseram
No DEUS ETERNO, MUITO DEUS! Veja-Me! veja o que pediste!

---

* "Kamalapatraksha".

Tu não podes!... nem, com olhos humanos, Arjuna! algum dia poderás!
Portanto, eu te dou sentido divino. Tenha outros olhos, nova luz!
E, olha! Esta é Minha glória, desvelada à vista mortal!

SANJAYA:
Então, Ó, Rei! o Deus, assim dizendo,
Ficou, ao Filho de Pritha exibindo,
Todo o esplendor, maravilha, terror,
De Sua vasta Cabeça Poderosa.
De incontáveis olhos contemplando,
De incontáveis bocas ordenando,
Incontáveis formas místicas envolvendo,
Em uma Forma: supremamente erguendo,
Incontáveis glórias radiantes,
Incontáveis armas celestiais portando,
Coroado com guirlandas de aglomerados de estrelas,
Vestido com trajes de lustres tecidos,
Respirando de Sua presença perfeita,
Sopros de toda essência sutil,
De todos os odores celestiais; derramando,
Brilhantismo ofuscante; cobrindo...
Sem limites, belo... todos os espaços,
Com Seus rostos que tudo observam;
Assim Ele mostrou! Se de repente surgisse,
Dentro dos céus,
Um raio de mil sóis,
Inundando a terra com feixes não imaginados,
Então poderia ser o sonho do Sagrado
Com toda sua majestade e o esplendor!

Assim viu o Filho de Pandu,
Todo este universo se desdobrar,
Toda a sua enorme diversidade,
Em uma vasta forma, e ser,
Visível, e visto, e misturado,
Em um Corpo... sutil, esplêndido,
Sem nome... o Deus Todo-compreensivo,
O Deus dos Deuses, o Nunca-Final,
A Divindade!

Mas, profundamente espantado,
Aterrado, transbordante, deslumbrado e confuso,
Arjuna se ajoelhou; e inclinou a cabeça,
E uniu as palmas; e clamou, e disse:

ARJUNA:
Sim! Eu vi! Eu vejo!
Senhor! tudo está envolto em Ti!
Os deuses estão em Teu quadro glorioso! as criaturas,
Da terra, e do céu, e do inferno,
Habitam em Tua forma Divina,
E em Teu semblante brilham todas as características,
De Brahma, sentado só,
Sobre Seu trono de lótus;
De santos e sábios, e das raças serpentes,
Ananta, Vasuki;
Sim! Senhor mais Poderoso! Eu vejo
Teus mil, mil braços, e peitos, e faces,
E olhos... de todos os lados,
Perfeitos, diversificados;
E não há fim de Ti, não há começo,
Não há um centro! Muda...
Onde quer que o olhar da alma se eleve...
Teu Eu central, todo-poderoso, e todo-vencedor!

Rei Infinito! Eu vejo
A tiara sobre Ti,
O bastão, a concha, o disco; vejo-Te ardendo,
Em raios insuportáveis,
Iluminando a terra, o céu e o inferno,
Com brilho flamejante, radiante, ofuscante; transformando.

A escuridão em dia deslumbrante,
Olho para onde quer que olhe;
Ah, Senhor! eu Te adoro, o Indivisível,
O Último do pensamento,
O Palácio do Tesouro construído,
Para conter a riqueza dos mundos; o Escudo providenciado.

Para abrigar as leis da Virtude;
A Fonte da qual a corrente da Vida tira,
Todas as águas de todos os rios de todo ser:
O Único Não-Nascido, Infindo:
Imutável e Inconfundível!
Com força e majestade, além do pensamento, além da visão!

Prata da lua e ouro,
Do sol são glórias roladas,
De Teus grandes olhos; Teu semblante, brilhando terno,
Por entre as estrelas e os céus,
Surpreende a vida calorosa,
Teu Universo. Os mundos estão cheios de maravilha.

De Tuas perfeições! O espaço,
Salpicado de estrelas, e o lugar vazio,
De polo a polo do Azul, de limite a limite,
Te tem em cada ponto,
A Ti, A Ti!... Onde Tu não estás,
Ó, Sagrado, Formidável! não se encontra nada!

Ó, Místico, Terrível!
Ao ver-Te, revelado,
Os Três Mundos tremem; os deuses inferiores se aproximam de Ti;
Eles juntam suas palmas, e se curvam,
Corpo, e peito, e testa,
E, sussurrando adoração, louvam e glorificam a Ti!

Rishis e Siddhas gritam
"Salve! Altíssima Majestade!",
De sábios e cantores brota o hino da glória,
Em doce harmonia,
Sondando o louvor de Ti;
Enquanto incontáveis companhias tomam a história.

Rudras, que montam as tempestades,
As formas brilhantes dos Adityas,
Vasus e Sadhyas, Viswas, Ushmapas;
Maruts, e aqueles grandes Gêmeos,

Os celestiais, belos, Aswins,
Gandharvas, Rakshasas, Siddhas e Asuras...*

Esses Te veem, e reverenciam,
Em súbita e assombrada apreensão;
Sim! os Mundos... vendo-Te com forma estupenda,
Com rostos múltiplos,
Com olhos que tudo vêem,
Olhos incontáveis, vastos braços, membros tremendos.

Lados, iluminados com sol e estrela,
Pés plantados aqui e ali,
Dentes de terror, bocas iradas e ternas;...
Os Três vastos Mundos diante de Ti,
Adoram, como eu Te adoro,
Tremem, como eu tremo, ao testemunhar tanto esplendor!

Eu Te vejo cortar os céus,
Com a frente, de forma maravilhosa,
Enorme, pintada de arco-íris, cintilante; e Tua boca,
Abriu-se, e orbes que vêem,
Todas as coisas, sejam o que forem,
Em todos os Teus mundos, leste, oeste, norte e sul.
Ó, Olhos de Deus! Ó, Cabeça!
Minha força de alma se foi,
Foi-se a força do coração, reprovado é o desejo da mente!
Quando Te vejo assim,
Com sobrancelhas terríveis a brilhar,
Com olhar ardente, e lábios iluminados pelo fogo.

Feroz como aquelas chamas que consumirão,
Ao final de tudo,
Terra, Céu! Ah, eu não vejo Terra e Céu!
A Ti, Senhor dos Senhores! eu vejo,
Somente a Ti... somente a Ti!
Agora deixa que Tua misericórdia me seja concedida.

---

* Estas são todas ordens divinas ou deificadas do Panteão Hindu.

Tu, Refúgio do Mundo!
Veja! Para a caverna lançada,
De Tua garganta amplamente aberta, e lábios brancos e afiados,
Eu vejo nossos mais nobres,
Os grandes filhos de Dhritarashtra,
Bhishma, Drona, e Karna, apanhados e esmagados!

Os Reis e Chefes arrastados,
Aquele abismo aberto dentro;
Os melhores de ambos estes exércitos rasgados e divididos!
Entre Tua mandíbula eles jazem,
Mutilados de forma sangrenta,
Reduzidos a pó, e morte! Como riachos correndo abaixo.

Com pressa impotente, que vão,
Num fluxo furioso,
Direto para as profundezas do oceano ainda não preenchido,
Assim para aquela caverna flamejante,
Aqueles heróis grandes e corajosos,
Desaguam, em correntes intermináveis, com movimento impotente!

Como mariposas que na noite,
Flutuam em direção a uma luz,
Atraídas para sua ruína flamejante, voando e morrendo,
Assim à morte ainda afluem,
Cegas, deslumbradas, levadas,
Incessantemente, todas aquelas multidões, voando desenfreadas!

Tu, que formaste os homens,
Os devoras novamente,
Um com o outro, grandes e pequenos, igualmente!
As criaturas que Tu fazes,
Com mandíbulas flamejantes, Tu as levas,
Lambendo-as! Senhor Deus! Teus terrores atingem.

De ponta a ponta da terra,
Preenchendo a vida toda, desde o nascimento,
Até a morte, com temor mortal, ardente, lúgubre!
Ah, Vishnu! faz-me saber,

Por que é tão teu semblante?
Quem és Tu, banqueteando assim sobre os Teus mortos?

Quem? terrível Divindade!
Eu me inclino a Ti,
Namostu Te, Devavara! Prasid!*
Ó, Senhor Poderoso! repete,
Por que tens um rosto tão feroz?
De onde procede este aspecto horrível?

KRISHNA:
Tu Me vês como o Tempo que mata,
O Tempo que traz a todos à ruína,
O Mata-Tiempo, Antigo dos Dias, que vem consumir;
Exceto por ti, de todos estes exércitos de chefes hostis formados,
Não permanece um que deixará viva a batalha! Desanime,
Não mais! Levante-se! obtenha renome! destrua teus inimigos!
Lute pelo reino que te aguarda quando tiveres vencido aqueles.
Por Mim eles caem... não por ti! O golpe da morte é dado a eles agora,
Assim como eles se mostram tão galantes; Meu instrumento és tu!
Ataca, Príncipe de fortes braços, Drona! Ataca Bhishma! inflige morte,
Sobre Karna, Jyadratha; para todos eles cesse o fôlego guerreiro!
Sou Eu quem ordena que pereçam! Tu apenas matarás os mortos;
Lute! eles devem cair, e tu deves viver, vitorioso neste campo!

SANJAYA:
Ouvindo as poderosas palavras de Keshav,
Trêmulo, aquele Senhor de capacete
Apertou as palmas erguidas e... rezando,
Pela graça de Krishna... ali ficou, dizendo,
Com a testa curvada e acentos quebrados,
Estas palavras, ditas timidamente:

ARJUNA:
Dignamente, Senhor do Poder!
O mundo inteiro tem deleite,
Em Teu poder incomparável, obedecendo a Ti;
Os Rakshasas, temerosos,

---

* "Salve a Ti, Deus dos Deuses! Seja favorável!".

À vista de Ti, se apressam,
Para todos os quatro cantos; e a companhia.

Dos Siddhas pronunciam Teu nome.
Como poderiam não proclamar,
Tuas Majestades, Divinas, Poderosas?
Tu Brahm, que és maior que Brahma!
Tu Criador Infinito!
Tu Deus dos deuses, Lugar e Descanso da Vida!

Tu, de todas as almas a Alma!
O Todo que Compreende!
Do ser formado, e do ser sem forma, o Framer;
Ó, Último! Ó, Senhor!
Mais velho que a velhice, Que armazenou,
Os mundos com riqueza de vida! Ó, Reclamador do Tesouro.

Que tudo sabes, e és,
Sabedoria em Si mesmo! Ó, Parte,
Em tudo, e Tudo; pois tudo de Ti surgiu.
Incontáveis agora eu vejo,
Os aspectos de Ti!
Vayu* és Tu, e Aquele que guarda a prisão.

De Narak, Yama obscuro;
E a faísca brilhante de Agni;
As ondas de Varuna são Tuas ondas. A luz da lua,
E as estrelas são Tuas! Prajapati,
És Tu, e é a Ti,
Que se curvaram em adoração à antiga luz do mundo.

O primeiro dos homens mortais.
Novamente, ó, Deus! outra vez,
Mil, mil vezes sejam magnificados!
Honra e adoração sejam...
Glória e louvor,... a Ti;
Namo, Namaste, clamado de todos os lados.

---

* O vento.

Clamado aqui, acima, abaixo,
Pronunciado quando Tu vens,
Pronunciado onde Tu chegas! Namo! chamamos;
Namostu! Deus adorado!
Namostu! Senhor Sem Nome!
Salve a Ti! Louvor a Ti! Tu Um em tudo.

Pois Tu és Tudo! Sim, Tu!
Ah! se na ira agora,
Tu te lembrasses que eu pensei em Ti como Amigo,
Falando com palavras fáceis,
Como os homens usam um ao outro;
Chamei-Te "Krishna", "Príncipe", nem compreendi.

Tua majestade escondida,
O poder, o temor de Ti;
Fiz, em minha imprudência, ou em meu amor,
Em viagem, ou em brincadeira,
Ou quando estávamos em repouso,
Sentados no conselho, perambulando no bosque.

Sozinho, ou na multidão,
Fiz-te, Santíssimo! mal,
Concede-me graça por esse pecado inconsciente!
Pois Tu és, agora eu sei,
Pai de todos abaixo,
De todos acima, de todos os mundos dentro.

Guru dos Gurus; mais,
Para reverenciar e adorar,
Do que tudo o que é adorável e elevado!
Como, nos três mundos vastos,
Poderia haver algum igual?
Poderia algum outro compartilhar Tua Majestade?

Portanto, com o corpo curvado,
E intenção reverente,
Eu louvo, e sirvo, e busco a Ti, pedindo graça.
Como pai a um filho,

Como amigo a amigo, como um,
Que ama a seu amante, volta Teu rosto.

Com gentileza para mim!
É bom eu ter visto,
Este desconhecido maravilha de Tua Forma! Mas o medo,
Mistura-se à alegria! Retira,
Querido Senhor! por piedade,
Teu corpo terreno, que olhos terrenos podem suportar!
Seja misericordioso, e mostra,
O semblante que eu conheço;
Deixa-me contemplar-Te, como dantes, adornado,
Com disco e gema na fronte,
Com maça e diadema,
Tu que sustentas todas as coisas! Sem desmaio.

Deixa-me mais uma vez ver,
A forma que amei de outrora,
Tu dos mil braços e incontáveis olhos!
Este coração apavorado anseia,
Por ver restaurado de novo,
Meu Coiteiro, disfarçado com a amabilidade de Krishna.

Krishna:
Sim! tu tens visto, Arjuna! porque eu te amei bem,
O segredo do Meu semblante, revelado por um feitiço místico,
Brilhante, e maravilhoso, e vasto, majestoso, manifold,
Que ninguém além de ti em todos os anos teve o favor de ver;
Pois não é pelos Vedas que isso vem, nem sacrifício, nem esmolas,
Nem obras bem-feitas, nem penitência longa, nem orações, nem salmos cantados,
Que olhos mortais suportariam ver a Alma Imortal despida,
Príncipe dos Kuru! Isso foi reservado só, para ti! Fica alegre!
Que mais nenhuma preocupação abale teu coração, porque teus olhos viram,
Meu terror com Minha glória. Como eu fui antes, serei,
Outra vez para ti; com coração aliviado contempla!
Mais uma vez sou teu Krishna, a forma que conheceste de outrora!

SANJAYA:
Essas palavras para Arjuna disse,
Vasudeva, e logo tomou,
De volta a semblante querido,
Do bem-amado coiteiro;
Paz e alegria ele restaurou,
Quando o Príncipe viu mais uma vez,
A forma e o rosto do grande BRAHMA,
Vestido com a graça gentil de Krishna.

ARJUNA:
Agora que vejo voltar, Janardana!
Este corpo humano amigável, minha mente pode pensar,
Pensamentos calmos mais uma vez; meu coração bate novamente!

KRISHNA:
Sim! foi maravilhoso e terrível,
Ver-me como tu fizeste, querido Príncipe! Os deuses,
Temem e desejam continuamente ver!
Contudo, nem pelos Vedas, nem do sacrifício,
Nem penitência, nem doação, nem com oração,
Algum poderia assim contemplar, como tu tens visto!
Somente pelo serviço pleno, fé perfeita,
E total rendição sou conhecido,
E visto, e adentrado, Príncipe Indiano!
Quem faz tudo por Mim; quem Me encontra,
Em tudo; adora sempre; ama tudo,
Que eu fiz, e a Mim, com o único fim do Amor,
Que o homem, Arjuna! a Mim se dirige.

E assim termina o Capítulo XI da Bhagavad Gita, intitulado Viswarupa-darsanam, ou *O Livro da Manifestação do Um e do Múltiplo.*

CAPÍTULO XII

Bhaktigog, ou *O Livro da Religião pela Fé*

ARJUNA:
Senhor! entre os homens que Te servem... fiel de coração...
Como Deus revelou; e entre os homens que servem,
Adorando-Te Não-Revelado, Incorpóreo, Distante,
Qual é o melhor caminho de fé e vida?

KRISHNA:
Quem quer que Me sirva... como Eu Me mostro...
Constantemente verdadeiro, fixo na devoção plena,
Esses Eu considero muito santos. Mas quem serve...
Adorando-Me O Único, O Invisível,
O Não-Revelado, Sem Nome, Incompreensível,
O Último, Onipervadente, O Mais Alto, Certo...
Quem assim Me adora, dominando seus sentidos,
De mente única a todos, alegre em todo bem,
Essas almas abençoadas vêm a Mim.

Ainda assim, difícil,
É o trabalho para aqueles que curvam suas mentes,
Para alcançar o Não-Manifesto. Esse caminho invisível
Mal pode ser trilhado pelo homem que carrega a carne!
Mas onde quer que alguém faça todas as suas ações,
Renunciando a si mesmo por Mim, cheio de Mim, fixo,
Para servir apenas ao Mais Alto, noite e dia,
Meditando em Mim... Eu rapidamente o levantarei,
Fora do oceano da aflição e da morte,
Cuja alma se apega firmemente a Mim. Apega-te a Mim!
Aperta-Me com o coração e a mente! Assim habitarás,
Com certeza Comigo nas alturas. Mas se teu pensamento,
Cair de tal altura; se tu fores fraco para estabelecer,
Corpo e alma em Mim constantemente,

Desespera não! dá-me um serviço menor! busca,
Alcançar-Me, adorando com vontade firme;
E, se não puderes adorar firmemente,
Trabalha para Mim, labuta em obras que Me agradam!
Pois aquele que labuta corretamente por amor a Mim,
Finalmente atingirá! Mas, se nesta,
Tua fraca alma falhar, traz-Me tua falha! encontra,
Refúgio em Mim! deixa os frutos do trabalho de lado,
Renunciando à esperança por Mim, com coração humildíssimo,
Assim virás; pois, embora saber seja mais,
Do que diligência, adorar é melhor,
Do que saber, e renunciar é ainda melhor.
Perto da renúncia... muito perto...
Habita a Paz Eterna!

Quem não odeia nada,
De tudo que vive, vivendo ele mesmo benigno,
Compassivo, isento de arrogância,
Isento do amor-próprio, imutável,
Pelo bem ou pelo mal; paciente, contente, firme,
Na fé, dominando a si mesmo, fiel à sua palavra,
Buscando-Me, coração e alma; votado a Mim...
Esse homem Eu amo! Quem não perturba seu semelhante,
E não é perturbado por eles; livre da ira,
Vivendo em um nível elevado para alegria, tristeza ou medo,
Esse homem Eu amo! Quem, com olhos tranquilos,*
Imaculado, sereno, bem equilibrado, sem perplexidade,
Trabalhando Comigo, ainda que de todas as obras desapegado,
Esse homem Eu amo! Quem, fixo na fé em Mim,
Não se apega a ninguém, não despreza ninguém; não se alegra,
E não se entristece, permitindo que o bem ou o mal aconteçam,
Levem o que levarão, e quando irão embora,
Esse homem Eu amo! Quem, para amigo e inimigo,
Mantendo um coração igual, com uma mente igual,
Suporta vergonha e glória; com uma paz igual,
Recebe calor e frio, prazer e dor; permanece,
Livre de desejos, ouve louvores ou calúnias,
Com contenção impassível, imune a cada um;

---

* "Não olhando ao redor", anapeksha.

Ligado por nenhum laço à terra, firme em Mim,
Esse homem Eu amo! Mas, acima de tudo, Eu amo,
Aqueles felizes que para eles é vida viver,
Em única fé fervorosa e amor cego,
Bebendo o abençoado Amrit do Meu Ser!

E assim termina o Capítulo XII da Bhagavad Gita, intitulado Bhaktiyog, ou *O Livro da Religião pela Fé*.

CAPÍTULO XIII

Kshetrakshetrajnavibhagayog, ou *O Livro da Religião pela Separação da Matéria e do Espírito*

Arjuna:
Agora eu gostaria de ouvir, ó, gracioso Kesava!*
Sobre a Vida que parece, e a Alma além, que vê,
E o que é que sabemos... ou pensamos saber.

Krishna:
Sim! Filho de Kunti! porque esta carne que vês,
É Kshetra, é o campo onde a Vida se diverte;
E aquilo que vê e conhece é a Alma,
Kshetrajna. Em todos os "campos", ó, príncipe indiano!
Eu sou Kshetrajna. Eu sou o que observa!
Somente aquele conhecimento conhece o que conhece,
Pelo conhecedor!** O que é esse "campo" da vida,
Quais qualidades possui, e de onde vem,
E por que muda, e a faculdade,
Que o sabe, a grandeza disso,
E como o sabe... ouve essas coisas de Mim!

............***

Os elementos, a vida consciente, a mente,
A força vital invisível, os nove estranhos portões,
Do corpo, e os cinco domínios dos sentidos;
Desejo, aversão, prazer e dor, e pensamento,
Profundamente entrelaçados, e a persistência do ser;
Todos estes são moldados na Matéria pela Alma!

---

* A edição de Calcutá do *Mahabharata* tem estas três linhas de abertura.
** Esta é a versão mais próxima possível de "Kshetrakshetrajnayojnanan yat tajnan matan mama".
*** Omito duas linhas do sânscrito aqui, evidentemente interpoladas por algum vedantista.

Humildade, veracidade e inofensividade,
Paciência e honra, reverência pelos sábios.
Pureza, constância, controle de si,
Desprezo pelas delícias sensoriais, auto-sacrifício,
Percepção da certeza do mal,
Na vida, morte, velhice, doença, sofrimento e pecado;
Desapego, segurando levemente a casa,
Filhos, esposa, e tudo o que liga os homens;
Um coração sempre tranquilo em boa sorte,
E má sorte, com a vontade firme,
De Me adorar... Apenas a Mim! sem cessar;
Amando toda solidão, e evitando o barulho,
Das tolas multidões; esforços resolutos,
Para alcançar a percepção do Último Eu,
E a graça para entender qual seria o ganho,
Assim alcançar... esta é a verdadeira Sabedoria, Príncipe!
E o que é o contrário é ignorância!

Agora falarei do conhecimento melhor a se saber...
Aquela Verdade que dá ao homem o Amrit para beber,
A Verdade DELE, o Para-Brahm, o Todo,
O Incriado; não Asat, não Sat,
Não Forma, nem o Não-Formado; ainda assim, ambos, e mais...
Cujas mãos estão em toda parte, e onde quer que,
Plantados Seus pés, e onde quer que Seus olhos,
Observem, e Seus ouvidos em todo lugar,
Ouçam, e todos os Seus rostos em toda parte,
Iluminam e envolvem Seus mundos.
Glorificado nos sentidos que Ele deu,
Ainda assim além dos sentidos Ele é; sustentando tudo,
Ainda assim habita Ele desapegado: de formas e modos,
Mestre, ainda que nem forma nem modo Ele tenha;
Ele está dentro de todos os seres... e fora...
Imóvel, ainda assim em movimento; não discernido,
Por sutileza de presença instantânea; próximo,
A todos, a cada um; ainda assim imensamente distante!
Não múltiplo, e ainda assim subsistindo ainda,
Em tudo que vive; para sempre a ser conhecido,
Como o Sustentador, ainda assim, no Fim dos Tempos,
Ele faz todos acabarem... e recria.

A Luz das Luzes Ele é, no coração da Escuridão,
Brilhando eternamente. Sabedoria Ele é,
E o caminho da Sabedoria, e Guia de todos os sábios,
Plenamente em cada coração.

Assim Eu disse,
Sobre a substância da Vida, e a moldagem, e o saber,
Para compreender. Quem, adorando-Me,
Perceber isso, com certeza virá a Mim!

Saiba que Natureza e Espírito, ambos
Não têm começo! Saiba que as qualidades,
E mudanças delas são moldadas pela Natureza;
Que a Natureza faz trabalhar a estrutura atuante,
Mas o Espírito a informa, e assim causa,
A sensação de dor e prazer. O Espírito, ligado,
À matéria moldada, entra em união,
Com as qualidades moldadas pela Natureza, e, assim,
Casado com a matéria, gera o nascimento novamente,
Em boas ou más yonis.*

Ainda assim, isso,
Sim! em sua prisão corporal!... Espírito puro,
Espírito supremo; observando, governando,
Guardando, possuindo; Senhor e Mestre ainda,
PURUSHA, Último, Uma Alma Comigo.

Quem assim conhece a si mesmo, e conhece sua alma,
PURUSHA, trabalhando através das qualidades,
Com os modos da Natureza, a luz chegou para ele!
Qualquer carne que ele suporte, nunca mais,
Ele tomará seu fardo. Alguns poucos há,
Que, pela meditação, encontram a Alma no Eu,
Autodidata; e alguns pela longa filosofia,
E vida sagrada chegam lá; alguns por obras:
Alguns, nunca assim atingindo, ouvem da luz,
De outros lábios, e agarram, e se apegam a ela,

---

* Úteros.

Adorando; sim! e aqueles... para o ensinamento verdadeiro...
Ultrapassam a Morte!

Onde quer que, ó, príncipe indiano!
A vida esteja... de seres móveis, ou coisas imóveis,
Planta ou semente imóvel... saiba, o que ali cresceu,
Por laço da Matéria e do Espírito: saiba,
Ele vê de fato quem vê em tudo igualmente,
A Vida vivente, Alma Senhoril; a Alma Suprema,
Imortal entre os Mortais:
Pois, quem assim contempla, em todo lugar,
Em cada forma, a mesma, uma Vida Viva,
Não faz mais injustiça a si mesmo,
Mas segue o caminho mais elevado que leva à bem-aventurança.
Vendo, ele vê de fato, quem vê que as obras,
São a habitual Natureza, para a Alma praticar,
Agindo, ainda que não o agente; vê a massa,
Dos seres vivos separados... cada um de sua espécie...
Emergir de Um, e se misturar de novo a Um:
Então ele tem BRAHMA, ele atinge!

Ó, príncipe!
Aquele Espírito Último, Alto, Incriado,
Sem qualidades, mesmo quando entra na carne,
Não toma mancha de atos, não trabalha em nada!
Como o etéreo ar, que permeia tudo,
Que, pela pura sutileza, evita a contaminação,
A sutil Alma está sentada em toda parte, imaculada:
Como a luz do sol penetrante,
[Que não é alterada por nada que brilha sobre],
A luz da Alma brilha pura em toda parte;
E aqueles que, por tal olho de sabedoria, veem,
Como a Matéria e o que lida com ela, dividem;
E como o Espírito e a carne têm conflito,
Esses sábios seguem o caminho que leva à Vida!

E assim termina o Capítulo XIII da Bhagavad Gita, intitulado
Kshetrakshetrajnavibhagayog, ou *O Livro da Religião pela Separação
da Matéria e do Espírito*.

CAPÍTULO XIV

Gunatrayavibhagayog, ou
O Livro da Religião pela Separação das Qualidades

Krishna:
Ainda mais Eu te abrirei,
Esta sabedoria de todas as sabedorias, a mais elevada,
A qual, possuindo, todos os Meus santos passaram,
À perfeição. Dependendo de tais altas verdades,
Elevando-se à comunhão,
Comigo, não nascem de novo ao nascer,
Dos Kalpas, nem em Pralyas sofrem mudança!

Este Universo é o útero onde Eu planto,
A semente de todas as vidas! Dali, Príncipe da Índia, vem,
O nascimento de todos os seres! Quem, Filho de Kunti!
Mães cada forma mortal, Brahma concebe,
E Eu sou Aquele que gera, enviando a semente!

Sattwan, Rajas e Tamas, assim são chamados,
As qualidades da Natureza, "Verdade",
"Paixão" e "Ignorância." Estas três prendem,
O Espírito imutável na carne mutável.
Dentre elas, a doce "Verdade", pela pureza,
Vivendo imaculada e iluminada, une,
A Alma sem pecado à felicidade e à verdade;
E a Paixão, sendo parente do apetite,
E gerando impulso e propensão,
Prende a Alma encarnada, ó, Filho de Kunti!
Por laço de obras. Mas a Ignorância, gerada,
Da Escuridão, cegando os homens mortais, prende,
Suas almas ao torpor, à inércia e à sonolência.
Sim, Príncipe da Índia! A Verdade prende almas,
De maneira agradável à carne; e a Paixão prende,

Por esforço penoso; mas a Ignorância, que mancha,
Os raios da sabedoria, prende a alma à inércia.
A Paixão e a Ignorância, uma vez superadas,
Deixam a Verdade, ó, Bharata! Onde esta,
Com a Ignorância está ausente, a Paixão reina;
E a Ignorância em corações não bons nem ágeis.
Quando em todos os portões do Corpo brilha,
A Lâmpada do Conhecimento, então pode-se ver bem,
Que a Verdade se estabelece na cidade;
Onde há desejo, ardor e inquietude,
Impulso para lutar e ganhar, e avareza,
Esses nascem da Paixão... Príncipe!... incutidos; e onde,
Escuridão e torpor, inércia e estupor estão,
É a Ignorância que os causou, Chefe Kuru!

Além disso, quando uma alma parte, fixa,
Na Verdade, ela vai para o lugar...
Perfeito e puro... dos que conhecem toda a Verdade.
Se parte na habitualidade estabelecida,
De Impulso, passará ao mundo,
Dos espíritos ligados a obras; e, se morre,
Na Ignorância endurecida, essa alma cega,
Renasce em algum útero não iluminado.

O fruto da Verdade é verdadeiro e doce;
O fruto dos desejos é dor e trabalho; o fruto,
Da Ignorância é uma escuridão mais profunda. Sim!
Pois a Luz traz luz, e a Paixão anseia por ter;
E a escuridão, confusões e ignorância,
Crescem da Ignorância. Aqueles do primeiro,
Ascendem sempre mais; aqueles do segundo modo,
Tomam um lugar intermediário; as almas obscurecidas afundam,
Em profundezas mais baixas, carregadas de insensatez!

Quando, observando a vida, o homem vivo percebe,
Que os únicos atores são as Qualidades,
E sabe o que reina além das Qualidades,
Então ele se aproxima de Mim!

A Alma,
Assim passando além das Três Qualidades...
Pelas quais surgem todos os corpos... supera,
Nascimento, Morte, Tristeza e Velhice; e bebe profundamente,
O vinho imortal do Amrit.

ARJUNA:
Ó, meu Senhor!
Quais são os sinais para conhecer aquele que passou,
Além dos Três Modos? Como vive ele? Que caminho,
O leva em segurança além dos três modos?

KRISHNA:
Aquele que com equanimidade observa,
O brilho da bondade, a luta da paixão, a inércia,
Da ignorância, não se irritando se estão,
Não desejando quando não estão: aquele que se senta,
Como um viajante e estranho em seu meio,
Imperturbável, afastando-se, dizendo... sereno...
Quando as dificuldades surgem, "Estas são as Qualidades!",
Aquele a quem... centro de si mesmo... tristeza e alegria,
Soam como uma palavra; cujos olhos profundos,
Veem o barro, o mármore e o ouro como um só;
Cujas igual coração mantém a mesma gentileza,
Por coisas agradáveis e desagradáveis, firmemente,
Agradado na louvação e na reprovação; satisfeito,
Com honra ou desonra; para amigos,
E para inimigos igualmente tolerante;
Desapegado de empreendimentos... ele é chamado,
Superador das Qualidades!

E com...
Com fé única e fervente adorando-Me,
Passando além das Qualidades, conforma-se,
A Brahma, e atinge-Me!

Pois eu sou,
Aquele do qual Brahma é a semelhança! Meu,

É o Amrit; e a Imortalidade,
É minha; e minha perfeita Felicidade!

E assim termina o Capítulo XIV da Bhagavad Gita, intitulado Gunatrayavibhagayog, ou *O Livro da Religião pela Separação das Qualidades*.

CAPÍTULO XV

Purushottamapraptigog, ou *O Livro da Religião ao alcançar o Supremo*

Krishna:
Os homens chamam o Aswattha... a árvore de Figueira...
Que tem seus ramos embaixo, suas raízes acima...
A árvore sempre sagrada. Sim! pois suas folhas,
São verdes e balançam hinos que sussurram a Verdade!
Quem conhece o Aswattha, conhece os Vedas, e tudo.

Seus ramos se estendem ao céu e mergulham à terra,[*]
Assim como os atos dos homens, que nascem,
Das qualidades: seus ramos prateados e flores,
E toda a ansiosa verdura de sua largura,
Saltam para a vida rápida ao beijo do sol e do ar,
Assim como as vidas dos homens se aceleram com as justas,
Tentações dos sentidos: suas raízes pendentes buscam,
O solo abaixo, ajudando a segurá-lo lá.

Como as ações realizadas neste mundo de homens,
Os amarram por laços sempre mais apertados.
Se bem conhecêsseis o ensinamento da Árvore,
O que sua forma diz; e de onde ela brota; e, então...

Como deve acabar, e todos os males dela,
A faca do Apegamento afiada você afiaria,
E cortaria as raízes serpenteantes que prendem, e deitaria,
Esse Aswattha da vida dos sentidos profundos... Para erguer...

---

[*] Não considero os versos sânscritos aqui — que são um tanto livremente traduzidos — "um ataque à autoridade dos Vedas", com o Sr. Davies, mas um belo episódio lírico, uma nova "Parábola da figueira".

Novos brotos que se levantam para aquele céu mais feliz...
Que aqueles que alcançam não terão dia para morrer,
Nem se desvanecer, nem cair... a Ele, quero dizer,
Pai e Primeiro, Que fez o mistério...

Da antiga Criação; pois a Ele vêm,
Da paixão e dos sonhos os que se libertam;
Que separam os laços que os restringem à carne,
E... Aquele, o Mais Alto, adorando sempre...

Não crescem mais à mercê de que brisa,
De prazer estival agita as árvores adormecidas,
Que tempestuoso vento as arranca, galho e tronco,
Para o mundo eterno passam tais como estes!
Outro Sol brilha lá! Outra Lua!
Outra Luz... não Crepúsculo, nem Amanhecer, nem Meio-dia...
Que aqueles que uma vez veem não retornam mais;
Eles alcançaram Meu descanso, a maior dádiva da vida!

Quando, neste mundo de vida manifestada,
O Espírito indestrutível, partindo de Mim,
Assume forma, ele atrai para si mesmo,
Do reservatório do Ser... que contém tudo...
Sentidos e intelecto. A Alma Soberana,
Assim, entrando na carne, ou abandonando-a,
Reúne estes, como o vento reúne perfumes,
Soprando sobre os canteiros de flores. Ouvindo e Vendo,
E Tocando e Saboreando, e Ouvindo, estes ele toma...
Sim, e uma mente sensitiva;... ligando-se assim,
Às coisas dos sentidos.

Os não iluminados,
Não percebem que o Espírito quando vai ou vem,
Nem quando se deleita na forma,
Conjuntamente com as qualidades; mas aqueles veem claramente,
Que têm olhos para ver. As almas santas veem,
Que se esforçam para isso. Os iluminados percebem,
Aquele Espírito em si mesmos; mas os tolos,
Mesmo que se esforcem, não discernem, tendo corações,
Não acesos, mal-informados!

Saiba, também, de Mim,
Brilha a glória reunida dos sóis,
Que iluminam todo o mundo: de Mim as luas,
Extraem raios prateados, e o fogo a beleza feroz.
Eu penetro o barro, e dou a todas as formas,
Sua força vivente; eu deslizo na planta...
Raiz, folha e flor... para tornar as florestas verdes,
Com seiva bruta. Tornando-me calor vital,
Eu brilho em formas alegres e respirantes, e passo,
Com respiração externa e interna, para alimentar,
O corpo com todos os alimentos.*

Pois neste mundo,
O Ser é duplo: o Dividido, um;
O Indivisível, um. Todas as coisas que vivem,
São "o Dividido." Aquilo que se assenta à parte,
"O Indivisível",
Mais alto ainda está Ele,
O Mais Alto, que tudo contém, cujo Nome é Senhor,
O Eterno, Soberano, Primeiro! Que preenche todos os mundos,
Sustentando-os. E... habitante assim além,
Do Ser Dividido e Indivisível... Eu,
Sou chamado pelos homens e pelos Vedas, Vida Suprema,
O Purushottama.

Quem Me conhece assim,
Com a mente desobstruída, conhece tudo, querido Príncipe!
E com toda a sua alma sempre Me adora.

Agora é o sagrado, secreto Mistério,
Declarado a ti! Quem compreende isso,
Tem sabedoria! Ele está livre de obras em bem-aventurança!

E assim termina o Capítulo XV da Bhagavad Gita, intitulado Purushottamapraptiyog, ou *O Livro da Religião ao Alcançar o Supremo.*

---

* Omito um verso aqui, evidentemente interpolado.

CAPÍTULO XVI

Daivasarasaupadwibhagayog, ou *O Livro da Separação do Divino e do Mundano*

KRISHNA:
Destemor, singeleza de alma, a vontade,
Sempre de buscar a sabedoria; mão aberta,
E apetites governados; e piedade,
E amor pelo estudo solitário; humildade,
Retidão, cuidado para não ferir nada que vive,
Veracidade, lentidão à ira, uma mente,
Que facilmente solta o que outros prezam;
E equanimidade, e caridade,
Que não observa as falhas do próximo; e ternura,
Para todos que sofrem; um coração contente,
Não agitado por desejos; uma postura suave,
Modesta e grave, com masculinidade nobremente misturada,
Com paciência, fortaleza e pureza;
Um espírito não vingativo, que nunca se entrega,
A valorizar-se demasiado;... tais são os sinais,
Ó, Príncipe da Índia! daquele cujos pés estão,
Naquele belo caminho que leva ao nascimento celestial!

Engano, e arrogância, e orgulho,
Rapidez à ira, linguagem áspera e maligna,
E ignorância, cega à sua própria escuridão...
Estes são os sinais, Meu Príncipe! daquele cuja nascença,
Está fadada às regiões dos viles.*

O Nascimento Celestial traz a libertação,
Assim deves saber! O nascimento com os Asuras,
Leva à escravidão. Seja alegre, Príncipe!
Cujo destino está separado para o Nascimento Celestial.

---

* Literalmente, "dos Asuras".

Existem duas marcas em todos os homens vivos,
Divina e Não Divina; eu te falei,
Por quais marcas deves conhecer o Homem Celestial,
Ouça agora de mim sobre o Não-Celestial!
Os Não-Celestiais não compreendem,
Como as Almas partem de Mim; nem como elas retornam,
A Mim: nem há Verdade neles,
Nem pureza, nem regra de Vida. "Este mundo,
Não tem uma Lei, nem Ordem, nem um Senhor",
Assim dizem: "nem surgiu por Causa,
Seguindo a Causa, em perfeita intenção,
Mas não é outra coisa senão uma Casa de Luxúria.",
E, pensando assim, todos aqueles arruinados...
De pouco entendimento, de mente obscura...
Dedicam-se a ações malignas, as maldições de sua espécie.
Entregues a desejos insaciáveis,
Cheios de engano, tolice e orgulho,
Na cegueira agarrando-se a seus erros, pegando,
O caminho pecaminoso, confiam nesta mentira,
Como se fosse verdade... esta mentira que leva à morte...
Encontrando em Prazer todo o bem que existe,
E gritando "Aqui se finda!".

Enredados,
Em laços de cem esperanças ociosas,
Escravizados pela paixão e pela ira, compram,
Riquezas com atos baseados, para saciar apetite ardente;
"Assim tanto, hoje", dizem, "ganhamos! com isso,
Tal e tal desejo do coração será satisfeito;
E isso é nosso! e o outro será nosso!
Hoje matamos um inimigo, e amanhã mataremos,
Nosso outro inimigo! Olha!
Não somos senhores? Não nos alegramos?
Não é nossa fortuna famosa, valente e grande?
Ricos somos, orgulhosamente nascidos! Que outros homens,
Vivem como nós? Mate, então, para sacrifício!
Lance generosidades e seja alegre!" Assim falam,
Ofuscados pela ignorância; e assim caem...
Atirados de um lado para o outro com planos, enganados, e amarrados,
Na rede de negra ilusão, perdidos em luxúrias...

Caiem para o repugnante Naraka. Conceituosos, amantes,
Teimosos e orgulhosos, embriagados com o vinho,
Da riqueza, e imprudentes, todas suas ofertas,
Têm apenas uma aparência de reverência, não sendo feitas,
Na piedade de antiga fé. Assim dedicados,
Ao egoísmo, força, insolência, banquetes, ira,
Esses Meus blasfemadores, nas formas que usam,
E nas formas que geram, são meus inimigos,
Odiosos e odiadores; cruéis, malignos, vil,
Os mais baixos e menos entre os homens, que Eu lanço,
Novamente, e ainda novamente, ao fim de vidas,
Em algum ventre demoníaco, de onde... nascimento após nascimento...
Os ventres demoníacos os reencarnam, todos enganados;
E, até que encontrem e Me adorem, doce Príncipe!
Trilham aquele Caminho Inferior.

As Portas do Inferno,
São três, pelas quais os homens passam à ruína...
A porta da Luxúria, a porta da Ira, a porta,
Da Avareza. Que um homem fuja dessas três!
Aquele que se desviar de entrar,
Todas essas três portas de Narak, dirige-se direto,
Para encontrar sua paz, e chega à porta de Swarga.

............*

E assim termina o Capítulo XVI da Bhagavad Gita, intitulado Daivasarasaupadwibhagayog, ou *O Livro da Separação do Divino e do Mundano*.

---

* Omito os dez shlokas finais, com o Sr. Davis.

CAPÍTULO XVII

Sraddhatrayavibhagayog, ou *O Livro da Religião pelos Três Tipos de Fé*

ARJUNA:
Se os homens abandonam a ordenação sagrada,
Desatentos às Shastras, mas mantêm a fé no coração,
E adoram, qual será a condição deles,
Ó, Grande Krishna! Sattwan, Rajas, Tamas? Diga!

KRISHNA:
A fé é tripartida entre a humanidade e surge,
Daquelas três qualidades,... tornando-se "verdadeira",
Ou "manchada pela paixão", ou "sombria", como ouvirás!
A fé de cada crente, Príncipe Indiano!
Se adapta ao que ele realmente é.
Onde verás um adorador, aquele,
Àquilo que adora vive assimilado,
[Assim como o santuário, assim é o votante.]
As almas "verdadeiras" adoram deuses verdadeiros; as almas,
Que obedecem a Rajas adoram Rakshasas,*
Ou Yakshas; e os homens de Escuridão rezam,
A Pretas e a Bhutas.** Sim, e aqueles,
Que praticam penitências amargas, não ordenadas,
Por regra justa... penitências que têm suas raízes,
Em hipocrisias autossuficientes e orgulhosas...
Esses homens, atormentados pela paixão, violentos, selvagens,
Torturando... os inconscientes... Meus elementos,
Enclausurados em bela companhia dentro de sua carne,
(Não, Eu mesmo, presente dentro da carne!),

---

* Rakshasas e Yakshas são seres incorpóreos, mas caprichosos, de grande poder, dons e beleza, às vezes também de benignidade.

** Esses são espíritos de fantasmas errantes malignos.

Conhece-os como devotos de demônios, não do Céu!
Pois assim como os alimentos são triplos para a humanidade,
Em nutrir, assim há um triplo caminho,
De adoração, abstinência e esmola!
Ouça isto de Mim! Existe um alimento que traz,
Força, substância, vigor, saúde e alegria de viver,
Sendo bem temperado, cordial, confortante,
O "alimento verdadeiro". E há alimentos que trazem,
Dores e inquietações, e sangue ardente, e tristeza,
Sendo excessivamente picantes, quentes, salgados e agudos,
E, portanto, desejados por apetite forte demais.
E há alimento imundo... guardado de um dia para o outro,[*]
Sem sabor, sujo, que os impuros comerão,
Um banquete de podridão, adequado aos lábios,
Daqueles que amam a "Escuridão".

Assim com os rituais...
Um sacrifício não feito por recompensa,
Oferecido de maneira justa, quando aquele que vota,
Diz, com o coração devoto, "Isto eu deveria fazer!",
É um rito "verdadeiro." Mas um sacrifício feito,
Para ganhar, oferecido por boa reputação, asseguro que isto,
Ó, Melhor dos Bharatas! é um rito de Rajas,
Com marca de "paixão." E um sacrifício,
Oferecido contra as leis, sem devido fornecimento,
De alimentos, sem acompanhamento,
De hino sagrado, nem generosidade para os sacerdotes,
Em celebração sem fé, chama-se vil,
O ato de "Escuridão!"... perdido!

A adoração a deuses,
Dignos de adoração; a reverência humilde,
Aos Duplamente Nascidos, Mestres, Anciãos; Pureza,
Retidão e o voto do Brahmacharya,
E não ferir nada que seja indefeso...
Estas fazem uma verdadeira religiosidade de Ação.

---

[*] Yatayaman, comida que permaneceu após as vigílias da noite. Na Índia, isso provavelmente "estragaria".

Palavras que não causam mal a ninguém, palavras sempre verdadeiras,
Palavras gentis e agradáveis, e aquelas que se dizem,
Na leitura murmurada de um Escrito Sagrado,...
Estas fazem a verdadeira religiosidade da Fala.

Serenidade da alma, benignidade,
Domínio do Espírito silencioso, constante esforço,
Para santificar a Natureza... estas coisas fazem,
Um bom rito, e a verdadeira religiosidade da Mente.

Tal fé tripartida, em mais alta piedade,
Mantida, sem esperança de ganho, por corações devotos,
É obra perfeita de Sattwan, verdadeira crença.

Religião mostrada em atos de exibição orgulhosa,
Para ganhar boa recepção, adoração, fama,
Tal... digo eu... é de Rajas, imprudente e vã.

Religião seguida por uma vontade insensata,
Para torturar a si mesmo, ou obter poder para ferir,
Outro,... é de Tamas, escura e maligna.

O presente dado com amor, quando alguém diz,
"Agora devo dar com alegria!" quando aquele que recebe,
Não pode retribuir nada; feito no devido lugar,
No devido tempo, e para um destinatário adequado,
É presente de Sattwan, justo e proveitoso.

O presente dado egoisticamente, onde se espera,
Receber em troca, ou quando algum fim é buscado,
Ou onde o presente é oferecido com rancor,
Este é de Rajas, manchado pelo impulso, mal.

O presente lançado com avareza, em má hora,
No lugar errado, para um destinatário inferior,
Feito com desdém ou severidade cruel,
É presente de Tamas, escuro; ele não abençoa!*

---

* Omito os shlokas finais, pois são de autenticidade muito duvidosa.

E assim termina o Capítulo XVII da Bhagavad Gita, intitulado Sraddhatrayavibhagayog, ou *O Livro da Religião pelos Três Tipos de Fé*.

CAPÍTULO XVIII

Mokshasanyasayog, ou *O Livro da Religião por Libertação e Renúncia*

Arjuna:
Com prazer, gostaria de conhecer melhor, Ó, Glorioso!
A verdade essencial... Senhor do Coração!... do Sannyas,
Abstenção; e do enunciado, Senhor!
Tyaga; e o que separa esses dois!

Krishna:
Os poetas ensinam corretamente que Sannyas,
É a renúncia a todos os atos que surgem,
Do desejo; e os mais sábios dizem
Que Tyaga é renunciar ao fruto dos atos.

Entre os santos há alguns que sustentaram,
Que toda ação é pecaminosa e deve ser renunciada;
E alguns que respondem: "Não! os atos bons...
Como adoração, penitência, esmolas... devem ser realizados!",
Ouça agora meu veredicto, Melhor dos Bharatas!

Está bem exposto, Ó, Caçador de Teus Inimigos!
A renúncia é de forma tripla,
E a Adoração, a Penitência, as Esmolas, não devem ser interrompidas;
Não, devem ser feitas com alegria; pois todos esses três,
São águas purificadoras para almas verdadeiras!

Contudo, mesmo essas obras elevadas,
Devem ser praticadas com a entrega da apego e de todos os frutos,
Produzidos por obras. Este é meu julgamento, Príncipe!
Este é meu decreto insuperável e fixo!

Abster-se de um trabalho prescrito por direito,
Nunca é apropriado! Pois abster-se surge,

Da "Escuridão", e a Ilusão ensina isso.
Abster-se de um trabalho que pesa sobre a carne,
Quando alguém diz: "É desagradável!" isto é nulo!
Tal pessoa age por "paixão"; nada de ganho,
Ganha sua Renúncia! Mas, Arjuna!
Abster-se do apego ao trabalho,
Abster-se da recompensa no trabalho,
Enquanto ainda se faz isso com plena fidelidade,
Dizendo: "É certo fazer!" isso é um "ato verdadeiro",
E abstinência! Quem faz deveres assim,
Desimpedido se seu trabalho falha, se tiver sucesso,
Sem elogios, em seu próprio coração justificado,
Livre de debates e dúvidas, seu é o "ato verdadeiro":
Pois, estando no corpo, ninguém pode ficar,
Totalmente alheio ao ato; ainda assim, quem se abstém,
Do lucro de seus atos é abstinente.

O fruto dos labores, nas vidas futuras,
É triplo para todos os homens... Desejável,
E Indesejável, e misto de ambos;
Mas nenhum fruto é de todo onde não houve trabalho.

Ouça de mim, Senhor de Longos Braços! os cinco elementos,
Que vão para cada ato, ensinados em Sankhya,
Como necessários. Primeiro, a força; e então,
O agente; a seguir, os vários instrumentos;
Quarto, o esforço especial; quinto, o Deus.
Qualquer trabalho que qualquer mortal faz,
De corpo, mente ou fala, mal ou bom,
Por esses cinco ele o faz. Sendo assim,
Quem, por falta de conhecimento, vê a si mesmo,
Como o único ator, nada sabe realmente,
E não vê nada. Portanto, digo, se alguém...
Mantendo-se afastado do eu... com mente imaculada,
Deve matar toda aquela hoste, sendo mandado a matar,
Ele não mata; não está preso a isso!

O Conhecimento, a coisa conhecida e a mente que conhece,
Esses formam o triplo ponto de partida da ação.
O ato, o ator e o instrumento,

Esses formam o total triplo da ação.
Mas conhecimento, agente e ato, são diferenciados,
Por três qualidades divisórias. Ouça agora,
Quais são as qualidades que os dividem.

Há o "Conhecimento verdadeiro". Aprenda que é isto:
Ver uma Vida imutável em todas as Vidas,
E no Separado, Um Inseparável.
Há o Conhecimento imperfeito: aquele que vê,
As existências separadas à parte,
E, sendo separadas, as mantém reais.
Há o Conhecimento falso: aquele que se apega cegamente,
A um como se fosse tudo, buscando nenhuma Causa,
Privado de luz, estreito, e opaco, e "escuro".
Há a "Ação correta": aquela que, sendo ordenada...
É realizada sem apego, sem paixão,
Por dever, não por amor, nem ódio, nem ganho.
Há a "Ação vã": aquela que os homens perseguem,
Ansiando satisfazer desejos, impulsionados,
Pela sensação do eu, com todo o estresse absorvente:
Isso é de Rajas... passional e vã.
Há a "Ação escura": quando alguém faz algo,
Desatento às consequências, desatento ao dano,
Ou mal para os outros, desatento se prejudica,
Sua própria alma... é de Tamas, escuro e mau!

Há o "fazedor legítimo". Aquele que age,
Livre de interesses próprios, humilde, resoluto,
Firme, em boa ou má sorte o mesmo,
Contente em fazer corretamente... ele "verdadeiramente" age.
Há o "fazedor impetuoso". Aquele que trabalha,
Por impulso, buscando lucro, rude e audacioso,
Para superar, indisciplinado; escravo alternado,
Da dor e da alegria: de Rajas ele é!
E há os maus fazedores; soltos de coração,
Mesquinhos, teimosos, fraudulentos, negligentes,
Tardios, desanimados... filhos da "escuridão".

Ouça também, Ó, Conquistador-Príncipe,
De Intelecto e de Firmeza,
A separação tripla, como estão apartadas pelas Qualidades.

Bom é o Intelecto que compreende,
O surgimento e o retorno da vida,
O que deve ser feito e o que não deve ser feito,
O que deve ser temido e o que não deve ser temido,
O que prende e o que liberta a alma:
Isso é de Sattwa, Príncipe! de "verdadeiro".
Deteriorado é o Intelecto que, sabendo o certo,
E sabendo o errado, e o que é bom fazer,
E o que não deve ser feito, ainda assim não compreende,
Nada com firme mente, nem como é a verdade calma:
Isso é de Rajas, Príncipe! e "passional"!
Mau é o Intelecto que, envolto em trevas,
Vê o errado como certo e vê todas as coisas,
De forma contrária à Verdade. Ó, Filho de Pritha!
Isso é de Tamas, "escuro" e desesperado!

Bom é a firmeza pela qual um homem,
Domina os batimentos de seu coração, seu próprio respirar,
Da vida, a ação de seus sentidos; fixo,
Em fé e piedade inabaláveis:
Isso é de Sattwa, Príncipe! "verdadeiro" e justo!
Manchada é a firmeza pela qual um homem,
Apega-se a seu dever, propósito, esforço, fim,
Pela vida, e pelo amor aos bens a ganhar,
Arjuna! É de Rajas, marcado pela paixão!
Triste é a firmeza com a qual o tolo,
Se apega à sua indolência, sua tristeza e seus medos,
Sua tolice e desespero. Isto... Filho de Pritha!...
É nascido de Tamas, "escuro" e miserável!

Ouça mais, Chefe dos Bharatas! de Mim,
As três espécies de Prazer que existem.

O Bom Prazer é aquele que perdura,
Banindo a dor para sempre; amargo no início,
Como veneno para a alma, mas depois,

Doce como o sabor do Amrit. Beba disso!
Surge na profunda satisfação do Espírito.
E o Prazer doloroso surge do laço,
Entre os sentidos e o mundo sensorial. Doce,
Como o Amrit é seu primeiro gosto, mas seu último,
É amargo como veneno. É de Rajas, Príncipe!
E mau e "escuro" é o Prazer que surge,
Da indolência, do pecado e da tolice; no início,
E no final, e em todo o caminho da vida,
Desorientando a alma. É de Tamas, Príncipe!

Pois nada vive na terra, nem entre os deuses,
No céu mais alto, mas tem seu ser ligado,
Com essas três Qualidades, moldadas pela Natureza.

O trabalho de Brahmanas, Kshatriyas, Vaisyas,
E Sudras, Ó, tu que matas Teus Inimigos!
É fixado pela razão das Qualidades,
Plantadas em cada um:

As virtudes de um Brahmana, Príncipe!
Nascidas de sua natureza, são serenidade,
Autodomínio, religião, pureza,
Paciência, retidão, aprendizado e saber,
A verdade das coisas que existem. O orgulho de um Kshatriya,
Nascido de sua natureza, vive em valentia, fogo,
Constância, habilidade, espírito em combate,
E generosidade e nobre aparência,
Como de um senhor dos homens. A tarefa de um Vaisya,
Nascida de sua natureza, é cultivar a terra,
Cuidar do gado, aventurar-se no comércio. O estado de um Sudra,
Adequado à sua natureza, é servir.

Quem realiza... diligente, contente...
O trabalho que lhe foi destinado, qualquer que seja,
Alcança a perfeição! Ouça como um homem,
Encontra a perfeição, sendo assim contente:
Ele a encontra através da adoração... realizada pelo trabalho...
Daquele que é a Fonte de tudo que vive,
DAQUELE pelo qual o universo foi estendido.

Melhor é o teu próprio trabalho, embora feito com falhas,
Do que fazer o trabalho de outros, mesmo que excelentemente.
Ele não cairá em pecado quem enfrenta a tarefa,
Dada a ele pela mão da Natureza! Que nenhum homem deixe,
Seu dever natural, Príncipe! embora isso traga culpa!
Pois todo trabalho tem culpa, como toda chama,
Está envolta em fumaça! Somente aquele homem atinge,
O perfeito repouso de trabalho cujo trabalho foi realizado,
Com a mente livre, alma completamente subjugada,
Desejos para sempre mortos, resultados renunciados.

Aprenda de mim, Filho de Kunti! também isto,
Como um que atinge a paz perfeita atinge,
BRAHM, o supremo, a mais alta altura de todas!

Devoto... com um coração purificado, contido,
No domínio próprio majestoso, renunciando aos artifícios,
Do canto e dos sentidos, libertado do amor e do ódio,
Habitando em solidão, em dieta modesta,
Com corpo, fala e vontade domados para obedecer,
Sempre à meditação sagrada prometido,
Liberado das paixões, livre do Eu,
Da arrogância, impaciência, ira, orgulho;
Liberado do ambiente, calmo, sem nada...
Tal um cresce para a unidade com o BRAHM;
Tal um, tornando-se um com BRAHM, sereno,
Não mais sofre, não mais deseja; sua alma,
Igualmente amando tudo que vive, ama bem,
A Mim, que os criei, e atinge a Mim.
Por este mesmo amor e adoração ele me conhece,
Como sou, quão alto e maravilhoso,
E conhecendo, imediatamente entra em Mim.
E quaisquer obras que ele faça... firme,
Em Mim, como em seu refúgio... ele conquistou,
Para sempre, pela minha graça,
O Descanso Eterno! Então, conquiste isso! Em teus pensamentos,
Faz tudo o que fazes por Mim! Renuncia por Mim!
Sacrifica coração, mente e vontade a Mim!
Vive na fé em Mim! Na fé em Mim,
Todas as dificuldades vencerás, pela Minha graça;

Mas, confiando em ti mesmo e não prestando atenção,
Só, poderás perecer! Se hoje dizes,
Confiando em ti mesmo: "Não lutarei!",
Vã será a intenção! tuas qualidades,
Te incitariam à guerra. O que evitas,
Iludido por belas ilusões, buscarás,
Contra tua vontade, quando a tarefa vier até ti,
Despertando os impulsos em tua natureza estabelecida.
Há um Mestre nos corações dos homens,
Que faz seus atos, por sutis cordas de controle,
Dançarem ao que quiser! Com toda tua alma,
Confia Nele, e toma-O como teu auxílio, Príncipe!
Assim... só assim, Arjuna!... conseguirás...
Pela graça Dele... o repouso supremo,
O Lugar Eterno!

Assim foi aberto a ti,
Esta Verdade das Verdades, o Mistério mais oculto,
Do que qualquer segredo. Medita!
E... como quiser... então age!

Não! mas mais uma vez,
Toma Minha última palavra, Meu significado supremo!
Precioso és para Mim; muito amado!
Escuta! Digo-te para teu conforto isto.
Dá-Me teu coração! adora-Me! serve-Me! apega-te,
Com fé, amor e reverência a Mim!
Assim virás a Mim! Prometo verdadeiramente,
Pois tu és doce para Mim!

E deixa de lado aqueles...
Rituais e deveres prescritos! Voa apenas para Mim!
Faz de Mim teu único refúgio! Eu te libertarei,
De toda a tua culpa! Tenha boa coragem!
[Ouve, diz o santo Krishna,
Isto daquele que não tem fé,
Aquele que não adora, nem busca,
O ensinamento da sabedoria quando ela fala:
Esconde-o de todos os homens que zombam;
Mas, onde quer que, no meio do rebanho,
De Meus amantes, um ensine,

Esta divina e sábia fala…
Ensinando na fé trazer,
A verdade a eles, e oferecendo,
De toda honra a Mim…
A Brahma ele chegará!
Não, e em lugar nenhum encontrarás,
Qualquer homem de toda a humanidade,
Fazendo ato mais querido para Mim;
Nem será nenhum mais querido,
Na Minha terra. Sim, além disso,
Quem ler esta conversa novamente,
Mantida por Nós no campo,
Refletindo piedosamente e alegremente,
Ele Me fez sacrifício!
(Krishna fala assim!),
Sim, e quem, cheio de fé,
Ouvir sabiamente o que ela diz,
Ouvir suavemente… quando morrer,
Certamente sua alma ascenderá,
Àquelas regiões onde os Bem-Aventurados,
Livres da carne, em alegria descansam.]

Foi isto ouvido por ti, Ó, Príncipe Indiano!
Com a mente atenta? toda a ignorância…
Que gerou teu problema… desapareceu, Meu Arjuna?

Arjuna:
Problemas e ignorância se foram! a Luz,
Veio até mim, pela Tua graça, Senhor!
Agora estou fixo! minha dúvida desapareceu!
De acordo com Tua palavra, assim farei!

Sanjaya:
Assim, coletei o gracioso discurso de Krishna, Ó, meu Rei!
Assim eu disse, com o coração vibrante, esta sábia e maravilhosa coisa,
Pela grande aprendizagem de Vyasa, como Krishna mesmo fez conhecido,
O Yoga, sendo o Senhor do Yoga. Assim é a alta verdade mostrada!
E sempre que me lembro, Ó, Senhor meu Rei, novamente,
Arjuna e o Deus em conversa, e toda essa santa melodia,
Grande é minha alegria: quando medito sobre aquele esplendor, que

passa o discurso,
De Hari, visível e claro, não há língua que alcance,
Meu assombro e meu amor e alegria. Ó, Príncipe-Arqueiro! toda a saudação!
Ó, Krishna, Senhor do Yoga! com certeza não faltará,
Bênção, e vitória, e poder, por Tua poderosa causa,
Onde esta canção vem de Arjuna, e como com Deus ele falou.

E assim termina o Capítulo XVIII da Bhagavad Gita, intitulado Mokshasanyasayog, ou *O Livro da Religião por Libertação e Renúncia.*

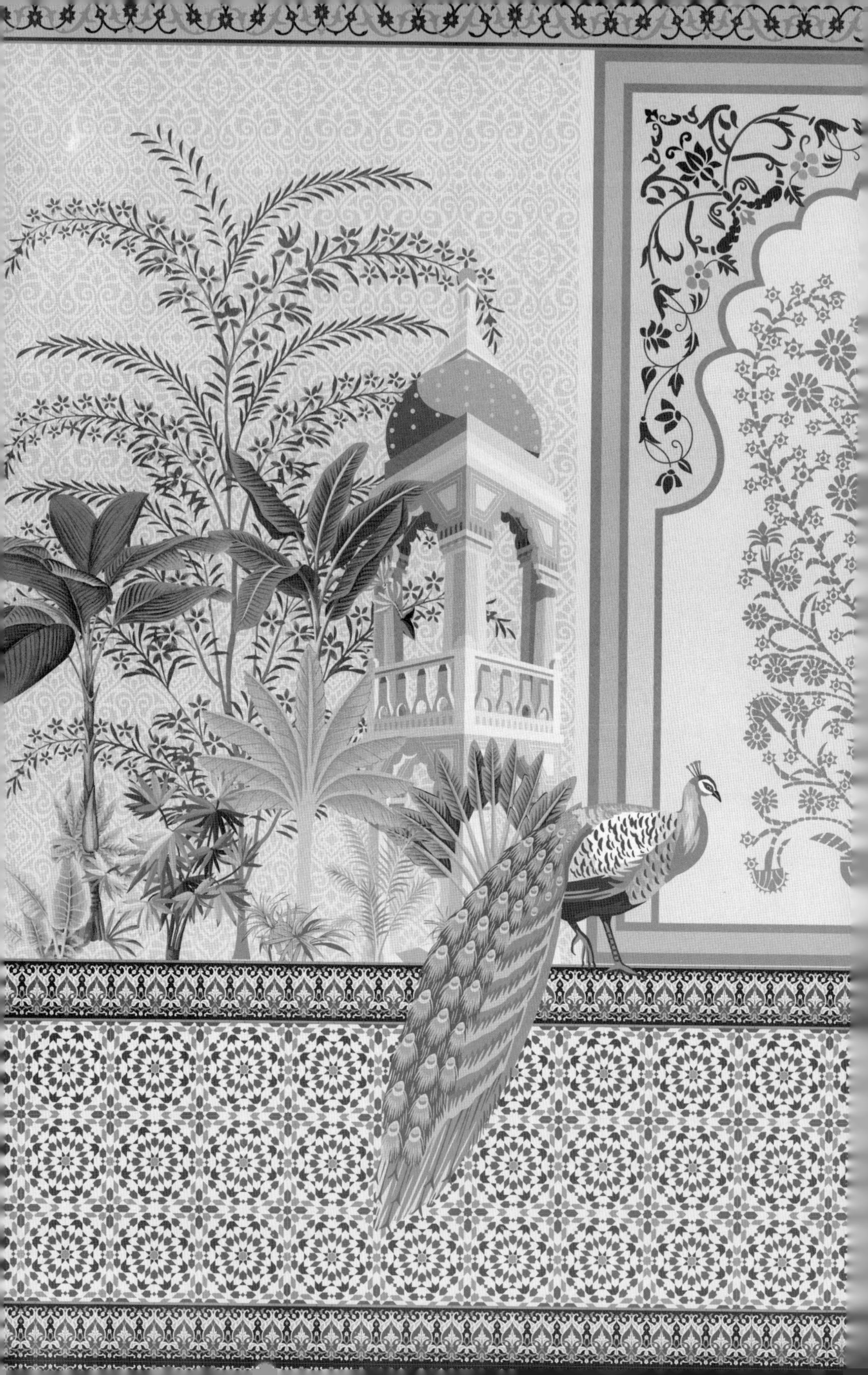

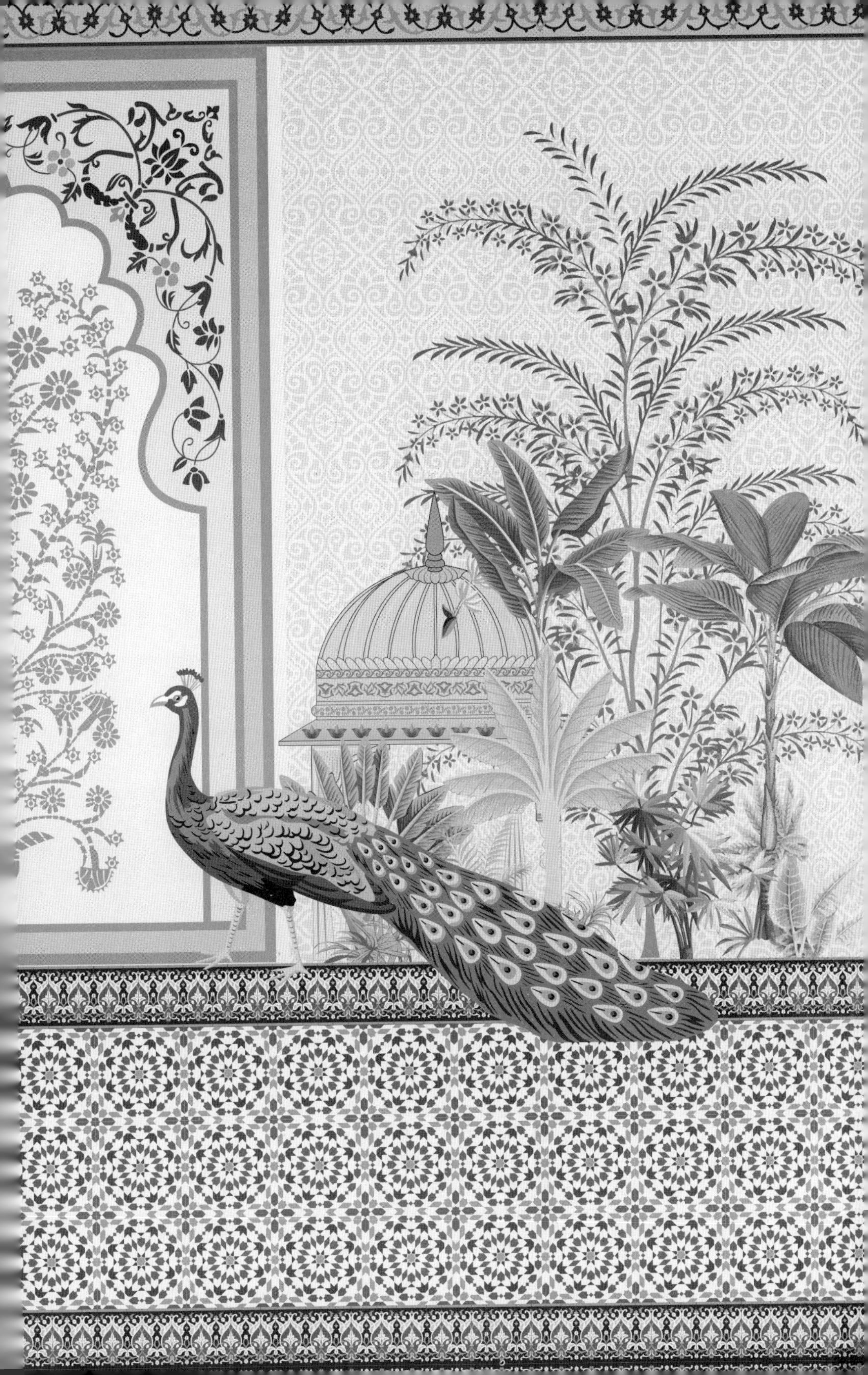

SIGA NAS REDES SOCIAIS:
- @EDITORAEXCELSIOR
- @EDITORAEXCELSIOR
- @EDEXCELSIOR
- @EDITORAEXCELSIOR

EDITORAEXCELSIOR.COM.BR

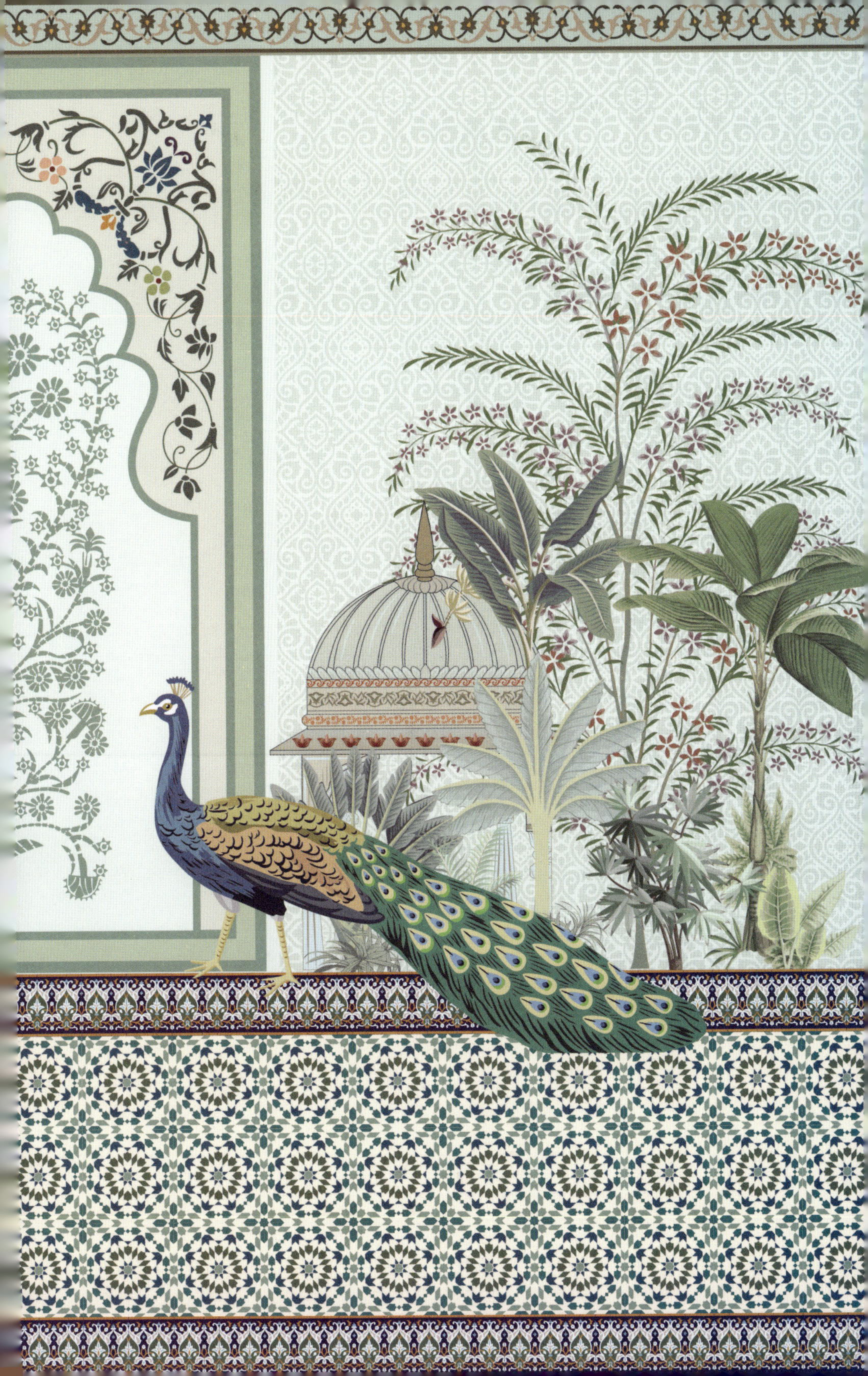

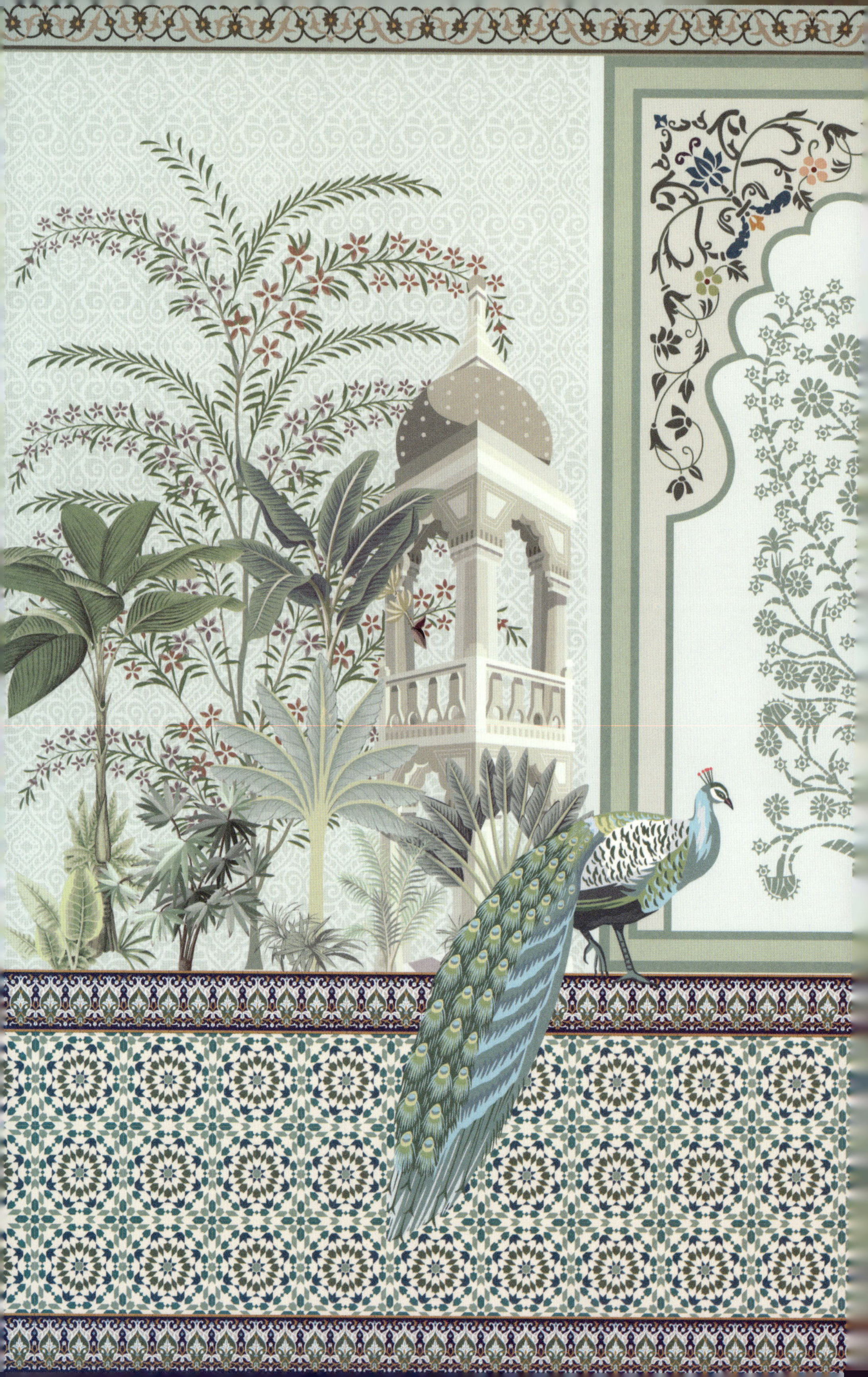